从零开始学
销售
心理学

唐睿明——著

CONG LING KAISHI XUE
XIAOSHOU
XINLIXUE

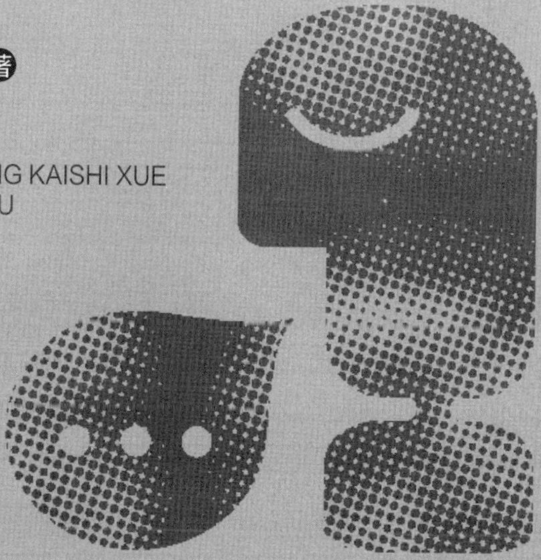

中国铁道出版社有限公司
CHINA RAILWAY PUBLISHING HOUSE CO., LTD.

图书在版编目（CIP）数据

从零开始学销售心理学/唐睿明著.—北京：中国铁道出版社，2020.10

ISBN 978-7-113-22791-3

Ⅰ.①从… Ⅱ.①唐… Ⅲ.①销售-商业心理学-通俗读物 Ⅳ.①F713.55-49

中国版本图书馆CIP数据核字（2017）第019464号

书　　名：从零开始学销售心理学
作　　者：唐睿明

责任编辑：吕　芠　　读者热线：(010)63560056　　邮箱：181729035@qq.com
封面设计：宿　萌
责任校对：王　杰
责任印制：赵星辰

出版发行：中国铁道出版社有限公司（100054，北京市西城区右安门西街8号）
印　　刷：三河市宏盛印务有限公司
版　　次：2020年10月第1版　2020年10月第1次印刷
开　　本：700 mm×1 000 mm 1/16　印张：16.25　字数：216千
书　　号：ISBN 978-7-113-22791-3
定　　价：55.00元

前言

销售是一个充满挑战、艰辛的职业。不过困难与机遇同在，挑战和财富并存。很多声名显赫的商业巨擘都是从一个一无所有、默默无闻的销售员开始做起的。作为一名销售员，如果有志于把自己从销售新手蜕变成销售精英，有志于创造属于自己的销售帝国和财富梦想，那么就从掌握销售心理技巧开始吧！

销售从某种角度来讲，就是销售员与客户之间的一场心理博弈。如果销售员能洞察客户的内心，掌控客户的心灵密码，懂得顾客心理，攻克客户的心理防线，那么产品推销便不再是一件难事。本书全面、系统地把销售学和心理学巧妙地结合在一起。从心理学的角度出发，运用心理学的原理，分析人性的弱点，为销售员寻找说服客户的突破口。

在书中你可以学到如何利用客户的性格特点来激发其购买动机，如何通过微行为探知客户的心理，如何通过客户的心理活动进行有效沟通，如何运用心理学和客户讨价还价，如何通过心理博弈促成销售交易，如何抓住女性客户的心理，等等。内容丰富且通俗易懂，具有较高的实用价值。书中的每个小节都是由“销售箴言＋情境再现＋情境分析＋销售心经＋销售精英小贴士”五个部分组成。每一个销售中的情景案例都用最简洁的方式表达，每一个销售技能都会展开全方位的解析。即便是从零开始的销售新人也能一看就懂，一学就会。

一本书可以改变一个人的命运。如果你不甘于平庸，那么就花点时间翻阅书中的内容，阅读之后你就会明白不是客户存在问题，不是产品没有竞争力，也不是经济不景气，只是缺少一些简单实用的销售心理技巧而已。

唐睿明

目录

基础篇

第一章　销售员必知的七种销售心理 //003

折中心理：消费者最常见的一种心态 //004

从众心理：从众行为是压力最小的选择 //007

虚荣心理：面子永远都很重要 //011

优越心理：每一个人都有被尊重的愿望 //013

猎奇心理：因为产品新奇而购买的永远都只是一部分人 //017

占便宜心理：几乎每个人都希望得到“免费的午餐” //020

安全心理：消费者都很怕上当受骗 //024

第二章　明星销售员的心理状态 //029

以全身心的爱来面对一切 //030

自信的人运气永远不会太差 //033

做情绪的主人而非奴隶 //038

坚持不懈才能成功 //041

懂得适当忍让，赢得销售成功 //045
诚信让你的销售之路走得更远、更久 //049
面对逆境，何妨一笑了之 //052
和气能生财 //055
适当自我肯定 //058

第三章　对顾客进行分类是销售员的基本功 //063
对随和型客户要热情有礼 //064
对炫耀型客户要真诚称赞 //067
对内敛型客户要体贴耐心 //071
对虚荣型客户要恰当赞美 //075
对专断型客户要“略有反抗”地服从 //079
对精明型客户要诚实无欺 //082
对犹豫型客户要适当“逼迫” //085
对分析型客户要关注细节 //089
对墨守成规型客户要强调实用 //091

实　战　篇

第四章　从客户微行为中探知客户的心理 //097
客户的微行为是最真实的心理语言 //098
客户的服饰透露出对方的性格和购买能力 //100
在言谈中找出“一家之主” //104
走路姿势泄露客户的心理 //107
从坐姿透视客户的心理 //110

摸下巴表示客户在思考 //115
眉毛中的客户心理 //119
抽烟的动作显示出客户的心理 //122
从客户的酒品看出其人品 //126

第五章　想方设法拉近与客户的心理距离 //131

客户都喜欢真心替自己着想的人 //132
学会聆听并找到销售的契合点 //135
送上恰如其分的赞美 //139
用人情“绑住”客户的心 //142
站在客户的立场上想问题 //146
学会打消客户的疑虑 //149
要真诚热情而不是“巧言令色” //153
永远不要让小问题演变为“激烈的争论” //157
设法让客户多参与 //160
积极回应客户的抱怨和投诉 //163

第六章　让客户不得不听的产品介绍心理学 //169

最牛的参照能让客户尽快接受你的产品 //170
产品展示的“冲击力”就是客户的心理购买力 //173
讲一个美丽的故事让客户产生遐想 //175
定价定得巧，客户才会果断掏钱 //179
“不算缺点的缺点”会让客户更加信服 //182
为客户编织一个拥有后的美梦 //185

第七章　讨价还价是一场心理拉锯战 //189
客户的拒绝是成交的第一步 //190
讨价还价一定要有耐心 //192
设法让客户敞开心扉说出自己的报价 //195
给客户的“威胁”一定要适当 //199
用好环境影响力 //201
适当地营造“从众效应” //204
讨价还价中始终保持热情和微笑 //207

第八章　运用心理博弈，促使销售成交 //211
诱使客户先做出承诺，让对方在不知不觉中被“套牢” //212
摸清客户的底牌是一个技术活 //216
让亏欠感引领客户埋单 //219
想方设法为客户创造购买条件 //222
用信息优势改变客户的想法 //225

第九章　抓住女性客户的心 //229
抓住女人的“感性”做文章 //230
给女人一个公主梦 //233
听懂女性的弦外之音 //236
女性的攀比心理一定要利用 //240
要让女客户有“我赚大了”的满足感 //242
有效调动女性客户的兴趣 //245
让女客户不好意思说出自己的“借口” //248

基　础　篇

第一章

销售员必知的七种销售心理

销售是一场心理的博弈。销售员要想在这场博弈中取得成功，就得准确抓住客户的购物心理。破解客户的心理密码，掌控销售的技巧，这样就能投其所好，轻易俘获客户的“芳心”。

折中心理：消费者最常见的一种心态

销售箴言

客户的折中心理是权衡得失之后的一种选择，销售员一定要把握好客户的这种购买心理。

折中心理，是指消费者在面对多个选择时，通常会以“中庸之道”来处理。最终，他既不会选择最贵的，也不会选择最便宜的，而是会选择价格适中的那个。

在现实中，这样的例子比比皆是，其实是大部分消费者内心深处多种复杂心理的间接折射。在他们看来，最贵的那种固然有贵的理由，但总有一种付“冤枉钱”的担忧，因为这些产品之所以贵往往是品牌附加值高、营销费用高等原因造成的；而最便宜的那种，品质可能都无法保证，因为大家都相信“便宜没好货，好货不便宜”。这样一来，消费者就会走“折中”路线，便会选择中间价位的某种商品。

情境再现

一位女客户走进一家办公用品专卖店，到了椅子专区，她指着并排放着的几把椅子问：“这些办公椅都是一个价位吗？”

销售员章玲面带微笑地走过来说道："不是的，这把椅子210元，旁边这把380元，第三把椅子290元，最右边那把620元。请您到那边的沙发上谈吧。"

客户回答："不必了，今天我只是想好好看一下。这四把椅子看起来都差不多，为什么价格会相差这么多呢？"

章玲说："这是因为它们的材质不同，最右边那把椅子是美国红实木的，其他三把则是国产木料。您还可以坐上去体验一下。"

客户分别到几把椅子上坐了片刻，然后又问："为什么最便宜的那把坐上去反而更舒服呢？那把620元的坐上去还有点儿硬？"

章玲微笑着说："这是因为620元的椅子内部装了较多的弹簧，这样一来坐上去虽然感觉有点硬，但它是依照人体科学设计的，即使长期坐在上面办公也不会感到疲倦。同时，弹簧多，椅子不容易变形进而影响坐姿，这有助于纠正人们不正确的坐姿，避免出现脊椎骨侧弯的现象。所以这种椅子不但更有益于人体健康，而且材质较好，使用寿命更长。"

见客户在沉思，章玲停了一会儿，又说道："那把380元和290元的椅子也不错，设计原理与这把差不多，里面也安装了不少弹簧，不过用的是国产的材质，可能在使用寿命上不如这一把。您觉得哪把更合适呢？"

最后女客户决定购买380元的那把椅子。

情境分析

对于大部分普通人来说，面对这四个选择，首先会排除掉最便宜的那个，因为大家都觉得"太便宜应该不会好"，尤其是听了销售员的介绍后这个判断会更加坚定。而销售员"美国红实木"的介绍也让人不太放心，总有一种“玩概念”的感觉，最终大部分人都会在380元和290元的两把椅子中二选一。这是客户折中心理的具体表现。

当自己期望中的条件不可能全部实现的时候，消费者必然要进行一番权衡，希望利用现有的条件使自己买到物有所值而又尽可能地满足自身需求的产品。对于大多数客户的这种心理，销售员不仅要深刻理解，而且要根据他们的心理帮助他们做出决定，这样往往更能提高销量，节约销售时间。例如上面的那个案例，章玲介绍了四把椅子的材质、价格，重点介绍了它们各自在脊椎保健方面的功用，这样客户就要权衡自己的预算、需求和材质的要求了。最终客户牺牲了材质方面的要求，但获得了价格的优惠（与620元相比），同时保证了自己脊椎的健康，这是完全值得的。因此，对于销售员来说，向客户推荐的重点就要锁定在380元和290元的两把椅子上。

销售心经

面对众多的商品，消费者总是犹豫不决。这种产品是否能更好地满足需求？质量是否有保障？使用期限如何？产品的价格是否可以承受？因为这些都需要考虑，因此只有在确定各方面的条件都比较满意的情况下，消费者才会做出购买的决定。

但现实是不管消费者再怎么精心地选择，总会受到各种条件的局限而无法购买到完全称心如意的产品。比如，质量满意的产品价格太高，价格适中的东西使用周期太短，颜色漂亮的衣服款式陈旧等。

当客户犹豫不决时，销售员可以将几种选择摆出来，帮助他们分析各自的利弊，以便及早促成交易。大部分客户都处于“预算和需求相矛盾”的状态，总是希望以更少的钱购买到更称心的商品。当条件不允许时，人们往往会进行权衡，最终选择的往往是能尽量满足自己各方面需求的“中间商品”。销售员必须明白客户的这种选择倾向，有针对性地加以介绍，这样往往更能提高销量，节约销售时间。

销售精英小贴士

在把握客户的折中心理时，销售员要把产品的种类和特征一一罗列出来，必要时还可以提出适当的建议，这样客户才能根据自己的需求较快地做出取舍，从而提高销量。

从众心理：从众行为是压力最小的选择

销售箴言

从众是普遍性的社会心理和行为现象，是消费者缓解购买压力的一种选择趋向。这为成功销售提供了一个非常好的突破口。

“从众”就是人们常说的“人云亦云”“随波逐流”。对于个人来说，如果大家都这么做，那么他也就把大家的行为作为参照的标准，跟着这么做，这样可以避免对偏离群体的恐惧。如果个人行为和群体规范不一致，就会产生很大的心理压力。所以说从众行为是压力最小的选择。

有这样一则幽默故事：一位石油大亨到天堂去参加会议，一进会议室发现已经座无虚席，没有地方落座，于是他灵机一动，喊了一声：“地狱里发现石油了！”这一喊不要紧，天堂里的石油大亨们纷纷向地狱跑去，很快，天堂里就只剩下自己了。这时，这位大亨心想，大家都跑了过去，莫非地狱里真的发现石油了？于是，他也急匆匆地向地狱跑去。

这位石油大亨明知“地狱发现石油”是自己编织的一个谎言，但是抑制不住自己独处天堂的恐慌，于是做了一个压力最小的选择，跟着大家一起跑向地狱。

这种从众心理表现在购物消费方面，就是当很多客户看到别人成群结队、争先恐后地抢购某商品时，自己也会毫不犹豫地加入抢购“大军”中去。很多人都在买，质量肯定差不到哪儿去，即便吃亏也不是自己一个人。

客户这种跟风购物的习惯给销售员推销产品带来了极大便利。销售员可以利用从众心理吸引客户的围观，制造热闹的购物氛围，引来更多客户的参与，从而制造更多的销售机会。

情境再现

某大型商场一楼有辆促销花车，车里面堆满了各种款式、各种颜色的女士皮鞋。随着销售员一声声“品牌女鞋，7折甩卖”的喊叫，花车周围迅速围上了几个年轻女士，附近路过的几个中年妇女看见有人向花车靠拢，也不自觉地想上前一探究竟。就这样，不一会儿，花车已经被围得水泄不通。

售货小姐一边给客户包装皮鞋，一边收钱找钱，忙得不亦乐乎。来商场闲逛的王小姐本来没有买鞋的打算，但是看到这种场景，也忍不住想挤进来凑凑热闹。她挤到台前，发现大家好像不花钱一样抢着试穿、购买，于是她也赶快把视线转移到鞋子上面。最后看中一双尖头细跟的高跟鞋，她摸摸鞋子，手感还不错，是真皮的，打完7折才210元，省了90元，于是她赶快交钱，挤了出来，脸上露出满意的笑容。

可是仅仅过了几天，在该品牌专卖店，王小姐竟然发现自己前几天买的那双同款皮鞋也是以210元的标价在出售，其实根本没有打折。

情境分析

案例描述的是我们在日常生活中经常见到的画面。人们的行为，通常具有跟从群体的倾向，销售员巧妙地利用了客户从众购物的消费心理，营造了一种“你争我抢”的火爆氛围，最后达到像是畅销的目的。这种现象不是简单、偶尔、独立存在的，需要销售员深入研究，巧妙利用。

销售心经

“大家都买了，我也买”，这是客户跟风购买产品时的心理活动。所以在销售过程中，销售员不妨利用客户的这种从众心理来减轻客户对风险的担心，从而促成交易。不过，销售员在利用客户的从众心理时，需要注意以下几点，这样才能达到预期的销售效果。

1．过硬的产品质量才能牢牢锁住客户关注的目光

质量是商家的生命，有的企业能够充分利用客户的从众心理打开产品的销路，但是好的质量才是维持其产品持续畅销的最大动力。从众心理只是吸引客户的一个手段而已，如果客户购买后发现产品的质量和性能远远达不到自己的期望值，那么他一定不会进行二次消费。最糟糕的是，如果客户把不愉快的购买体验向周围的亲朋好友传播，那么跟风购买的人越多，商家的负面影响也就越大。由此可见，好的产品质量是利用客户从众心理的重要前提。

2. 列举具有说服力的例子才能激发客户的从众心理

客户虽然有从众心理，但是如果销售员列举的成功例子不具有足够的说服力，那么客户也是不会为之所动的。所以，销售员要尽可能地选择那些让人耳熟能详的、知名度比较高的、对客户影响较大的老客户作为列举对象。这样客户的从众心理才能被激发出来。

例如，销售员可以这样说："我们公司长期和国内许多知名品牌的电器设备公司达成合作，他们用的小配件由我们提供，比如××集团……另外，一些大型的家电商城也由我们长期供货。比如，集销量与质量于一体的××商场……"客户在听了销售员的这番话后，肯定会想："连质量最安全的××商场都在他们这里采购，我有什么不放心的。"这样客户就很容易签下订单。

3. 实事求是的列举事例才能赢得客户的信任

销售员要想引导客户的从众心理，所列举的案例必须是客观存在的，既不能凭空捏造曾经购买的客户，更不能肆意夸大客户的购买数量。如果销售员列举的案例不真实，就很可能被揭穿，这样公司的形象和声誉就会大受损伤，正所谓"搬起石头砸自己的脚——自作自受"。

销售精英小贴士

利用客户的从众心理可以增加销售，不过销售员也应该讲究最基本的职业道德，以次充好、欺瞒糊弄客户只会起到适得其反的作用。

虚荣心理：面子永远都很重要

销售箴言

好面子是虚荣心过强的表现，销售员不妨有效利用客户的虚荣心理，使之成为促成交易的催化剂。

从前有个国王，喜欢吃白面包，于是贵族和平民们纷纷效仿，一时间白面包供不应求，价格飞涨。事实上，黑面包和黄面包比白面包更有营养或者口感更好，但白面包为什么会流行起来呢？这是典型的攀比心和虚荣心理在作怪。贵族模仿国工，平民模仿贵族，他们用消费行为来消除心理上的身份差距。

对于某些人来讲，面子不仅仅代表的是一种自尊意识，更代表自身的社会地位和名誉。好面子、虚荣心强的客户往往非常渴望得到别人艳羡的目光，为了凸显自己的品位，总是以怀疑的眼光审视产品。对此类型的客户，销售员应该以礼相待，不卑不亢，合理引导其产生购买的冲动。

情境再现

案例一

一对夫妇闲来无事到一家珠宝店随便走走，结果意外相中了一只价值8万元的翡翠戒指，但是迫于价格压力，夫妻二人举棋不定。这时一个深谙客户心理的售货员对这对夫妇说：“某公司总经理的妻子也对这枚戒指感兴趣，但是由于价格太高没买。”这对夫妇听完后，二话没说痛快付款，然后拿着戒指走了。

案例二

一位姑娘来商场买手套，试了很多副不同颜色和不同款式的手套，都感觉左手戴着正合适，右手戴着紧。于是她开始意识到自己的手有点“缺陷”，但是迫于面子，不肯承认，所以手套便成为她抱怨的对象。这时售货员对她说：“美女，您的这只手比那只更纤细一些，我想可能是这个原因导致您戴上手套后有不一样的感觉。”听到售货员这样说，这位姑娘不再抱怨，于是心平气和地买走了一副手套。

情境分析

一般人都好面子，有一定的虚荣心，上面两个案例中的销售员都是利用客户的虚荣心理促成交易的。价格高昂的翡翠戒指本来让夫妻俩望而却步，但是销售员暗示这对夫妇和总经理妻子具有一样的眼光。这样一来，便刺激了他们的虚荣心理，从而致使其下定购买的决心，最后促成交易。买手套的案例，销售员用“左手比右手纤细”的说法避开了客户的缺陷，顾及了客户的面子，满足了客户的虚荣心，巧妙地完成了销售任务。

销售心经

人们常说：“人活一张脸，树活一张皮。”由此可见，面子几乎在每个人的心中分量极重。销售员一定要利用好客户爱慕虚荣、好面子的这一消费心理去开展自己的销售工作。不过面子的标准会随着人们的年龄、性格、成熟程度、经济收入等的不同而有很大的差异。所以销售员要根据销售对象的不同调整自己的销售策略。比如对于年轻人而言，越新潮的衣物越有面子，越能满足其虚荣心；对于中年人而言，越是贵重的衣物穿着越有面子，越能满足其优越感。

虚荣是客户的本性，赞美是销售员的应对策略。虚荣的人往往容易自我吹嘘，自我炫耀，对此销售员要假装糊涂，极力赞扬。比如："穿上这件衣服更加显得您高贵优雅。""您的眼光很独到，挑选的衣服很有品位！"这样的赞美之词既满足了客户的虚荣心，又增加了产品的销量，销售员何乐而不为呢？

此外，攀比是虚荣心的具体表现。销售员不妨抓住客户的这一"软肋"，以同类人作为比较，激发客户下定购买的决心。比如，××用的明星同款 Guerlain（娇兰）的香水。基于人们的攀比心理，很有可能起到立竿见影的销售效果。

销售精英小贴士

在实际的推销过程中，销售员可以利用客户的虚荣心理特点，通过赞美和同类对比的手段激发客户购买的欲望。

优越心理：每一个人都有被尊重的愿望

销售箴言

用心满足客户的心理需求，给予其应有的尊重，呵护其独有的优越感，有利于销售工作的顺利开展。

法国哲学家罗西法古说过这样一句话："如果你要得到仇人，就表现得比你的朋友优越；如果你想要得到朋友，就要让你的朋友表现得比你优越。”在人际交往中，每个人都希望得到别人的尊重和肯定，从而凸显自己的优越性，没有人喜欢处处表现得比自己优越的人。销售员如果能适当地向客户示弱，让其表现得比自己更优越，可以消除对方的“敌意”。当然，这种示弱并不是低三下四，而是尽量满足客户的需求。

客户的需求是销售的核心内容。首先销售员应该充分了解客户的心理需求，其基本需求可以分为以下几类：热情接待的需求、周到服务的需求、被理解的需求、被帮助的需求、受重视的需求、被赞美的需求、被识别或记住的需求、受尊重的需求、被信任的需求等。总之，销售人员要及时满足客户的各种心理需求，这样客户才有一种被理解、被尊重、被呵护的优越感。客户的优越感一旦被满足，与销售员相处自然多了几分亲近感，而销售的难度也就减弱了几分。

情境再现

在美国零售业中，有一家知名度很高的零售商店，彭奈就是这家商店的创始人。

这家零售商店刚开业不久，有一天，一个中年男子到店里买搅蛋器。

销售员问：“先生，你是想要好一点的，还是要次一点的？”

男子一听这话立刻沉着脸说道：“当然是要好的，谁想要不好的东西？”

销售员就给他拿了一款价格最高的搅蛋器，“多佛”牌的。男子看了看问道：“这是最好的吗？”

“对的，而且是个老牌子。”

“多少钱？”

“120 美元。”

“什么！怎么这么贵？在我的印象中，最好的也才六十几美元。”

“六十几美元的我们也有，但那不是最好的。”

“可是，也不至于差这么多钱呀！”

“差得并不多，还有十几美元一个的呢。”

男子听了销售员的话，相当不高兴，转身便想离开。

彭奈急忙追了上去，对男子说：“先生，你想买搅蛋器是不是，我有一款好产品推荐给您。”

男子仿佛又有了兴趣，便说道：“说来听听。”

彭奈拿出另外一种牌子来说：“就是它，请您看一看，样子看着还可以吧？”

“这款多少钱？”

“54 美元。”

“按照刚刚那个销售员的说法，这不是最好的，我不要。”

“我的这位店员刚才没有说清楚，搅蛋器分很多的品牌，每种品牌的搅蛋器质量也不尽相同，我刚刚让您看的那个，是同品牌中质量最好的。”

“可是多佛牌为什么要比这个牌子贵那么多呢？”

“这与制造成本有关系。每种品牌的机器构造不一样，所用的材料也不同，所以价格难免有高有低。至于多佛牌的价钱高，有两个原因：一是老牌子信誉好；二是它的容量大，做糕饼生意可以用得到。”彭奈耐心地说。

男子的脸色缓和了很多：“噢，原来是这样的。”

彭奈又说：“其实，这种新牌子很受人们欢迎的，就拿我来说吧，我之所以选择用这种牌子，就是因为它的体积小和使用方便，家里用就挺合适的，而且性能也很好。对了，您家里有几口人？”

男子回答：“5 口。”

"那再适合不过了，我看你就拿这个回去用吧，我敢保证您一定会非常满意的。"

情境分析

案例中客户一进门就声称要最好的搅蛋器，这表示他的优越感很强。店里的销售员正是没有把握好客户的这种消费心理，才惹恼了客户。而彭奈销售的成功之道就在于他给客户推荐了一款同品牌质量最好的搅蛋器，既满足了客户求廉的购物心态，又很好地维护了其优越感，真可谓一举两得。

销售心经

每一个人都有被尊重的愿望，每一个人都想尝试一下优于别人的滋味。因此，销售员需要准确地把握住客户这一心理特点，并且尽量满足其心理需求，这样销售才能变得轻松起来。一般情况下，销售员可以通过以下几种方式让客户产生良好的优越感，满足其心理需求，最终达到销售的目的。

1．恰到好处的赞美

赞美是一剂良药，尤其是对客户自傲的事情加以赞美，更能激发其优越感。若客户是一个穿着得体的人，销售员可赞美他的衣着品位；若客户是知名公司的员工，销售员可表达对其工作环境的赞美、羡慕之情。有一位爱普生公司的业务代表，每天约见客户时的第一句话就是："您的办公环境真好，能在这里上班的一定是工作能力很强的人吧。"一句简单的赞美就可以拉近双方的距离。客户的优越感被满足，自然心花怒放，对销售员的戒备心理也会渐渐消除，这就为下一步推销的成功奠定基础。

2．向客户虚心请教

请教意见是满足客户优越心理的又一个好方法，特别是向客户请教一些与业务相关的问题。这样既可以了解客户的想法，又能表达对客户的重视，更重要的是满足了客户被人请教时潜在的优越感。

销售精英小贴士

要想获得客户的好感，销售员不妨满足客户的优越心理。适当地赞美、虚心地请教都可以达到维护客户优越感的目的。

猎奇心理：因为产品新奇而购买的永远都只是一部分人

销售箴言

猎奇心重的客户往往怀有谦虚、认真学习和了解的心态，销售员需要不断地激发其探索的欲望，一步步地将其引向销售的目标。

猎奇心理，又称为好奇心理。好奇心人人都有，尤其是对自己不了解或者一知半解的东西，都有一探究竟的冲动。因为有了好奇心的作用，很多客户往往容易被平常没有接触过的新奇产品吸引，继而对这个未知的领域具有很大的探索兴趣，总会认真地向销售员询问。对此，销售员要懂得把握客户的猎奇心理，必要的时候设置悬念，把话说到一半，让客户有一种“意犹未尽”的感觉，这样他们才能把注意力全部放在商品上，从而为最后的成交打下基础。

情境再现

小楚是一家旅游公司的销售员。由于近年来旅游行业竞争激烈，所以他一直都有很大的思想压力。为了进一步提升自己的业绩，他开始想办法怎么样让客户都能接受他的旅游建议。

一天，来了几个年轻人，小楚赶紧上前热情接待。看着这群年轻人，他突然灵光一现，想到了一个绝佳的应对之策。

“你们听说过古代的楼兰王国吗？”

“嗯，以前听人提过。”

“那你们知道它具体的地理位置吗？”

“好像是在西域吧，不是已经消失了吗？”

“对，这个楼兰王国一夜之间消失。对此，人们众说纷纭，说法不一，现在那一带的居民中还有很多的传说。”

“真的吗？”

“是啊，广袤无垠的大沙漠里建立起一座古城。历经了800多年的风霜，结果一夜之间却神秘地消失了，真的很神奇……而且敦煌石窟也在不远处，石窟里有很多现在无法解释的秘密……”

“听着很神秘啊。”

“你们有没有兴趣亲自感受一下呢？”

“那这一趟的消费大概是多少呢？”

情境分析

案例中小楚的成功就在于他充分抓住了客户的好奇心。首先他用楼兰王国引起客户的注意，然后用神秘消失、民间传说、石窟秘密吊足了客户的胃口，最后引起客户想去一探究竟的欲望。这样客户就有了亲自去体验的可能性，小楚的销售业绩也便有了着落。

销售心经

在产品介绍的过程中，如果销售员能激发客户的猎奇心理，客户就会对产品投入更多想要了解的热情和欲望，成交的可能性就会变得更大。那么在推销的过程中，销售员如何让客户为自己新奇的产品埋单呢？激发客户的猎奇心理又有哪些方法和策略呢？下面这些建议可供大家参考。

1．制造悬念激发客户兴趣

如果客户对产品一无所知的话，自然没有什么购买的兴趣。这时，销售员可以适当地制造一些悬念，利用客户的好奇心，让客户对你的产品产生兴趣，这样产品销售才有可能成功。

2．将产品的卖点神秘化

如果你的产品卖点在客户面前一览无余，也许他就没有什么了解的兴趣。反之，带有神秘感的产品容易让客户有兴趣和欲望去揭开这层“神秘的面纱”，一探究竟。基于这一点，销售员不妨把产品的卖点神秘化，客户满怀好奇和期待，注意力才能集中到你的产品上来。

3．显露价值的冰山一角

产品价值的最大化是客户追求的终极目标，而销售员如果只显露出价值的“冰山一角”，那么这份利益一直会像拉磨驴前挂着的胡萝卜一样，慢慢地将客户的视线吸引到产品上来。客户为了一睹冰山全貌，看看还有什么更大的利益，肯定会想方设法探知产品更多的信息。

销售精英小贴士

猎奇心理是客户购买产品时的一大心理特征。销售员要懂得利用客户的这一“软肋”，不断地设置悬念，引导客户，激发其了解产品的欲望，这样成交的概率才会更大一些。

占便宜心理：几乎每个人都希望得到“免费的午餐”

销售箴言

爱占便宜是很多人的共性，销售员可以适当地满足客户的这种购物心理，让他的心里找到平衡。

从前有个地主，每次雇佣跑腿的都喜欢找一些爱占便宜的人，而这些人也替他刮了不少钱。

有一天，地主家的大儿子失足掉下山崖摔死了。地主只好叫跑腿的去买棺材。跑腿的趁棺材铺老板不注意，在大棺材里偷偷藏了一口小棺材运了回来。地主一看，顿时气得跳脚大骂：“弄两口棺材干什么用？”跑腿的连忙解释道：“有用，有用！大的装大少爷，小的以后好装小少爷！”

这个故事淋漓尽致地讽刺了人们爱占小便宜的心理。其实占便宜是很多人的共性，很多人的内心深处都有这样的一种心理。因此，销售员在推销活动中一定要把握住人性的这个弱点。“占便宜”是一种心理上的感觉，每占到一次“小便宜”时便会产生相应的满足感。销售员要学会满足客户的这种心理需求，让客户觉得买你的东西超值，这样销售难度就会降低很多。

例如，一些客户在购物的时候，常常会对商家说：“你如果不便宜一些，我就去别家买了。”于是商家最终妥协了，并告诉客户“就要下班了，我就按批发价卖给你吧”“我这是赔钱卖给你的，你可不要告诉别人你是按这个价格买的”“今天你是第一单，算是我图个吉利吧”等。于是，这位客户自以为独享这种低价的优惠而愉快购物，其实，商家正是利用了客户爱“占便宜”的心理使得商品顺利出售。

销售的本质就是让客户有一种“占便宜”的感觉，客户并不在意产品的真实价格，只是单纯地想要有一种“占到便宜”的感觉。因此，销售高手总是能利用人们的这种心理找到借口卖出东西，从而顺利达成销售的目的。

情境再现

古时候，一个卖衣服和布匹的店铺碰到一件棘手的事情：他们的店铺里有一件珍贵的貂皮大衣，因为价格昂贵，所以没有人愿意买。后来，店里来了一个新伙计，他承诺自己能在一天之内把大衣卖出去。掌柜不相信，自己两个月都没有处理掉这件滞销产品，你一个新来的伙计有什么能耐？

面对掌柜的质疑，伙计显得非常自信，他要求掌柜配合他的安排，不管谁问这件貂皮大衣的价格，掌柜一定要说500两银子，而其实它只要卖350两银子，利润就已经很高了。

两个人商量好了以后，伙计在前面候客，掌柜在后堂算账。但是一上午店里几乎无人光顾，等到下午的时候终于来了一位妇人。她进店环顾了一周，最终把目光落在了那件貂皮大衣上，她问伙计：“这衣服多少两银子？”

伙计假装没有听见，自顾自地忙着，妇人又大声问了一遍，伙计才反应过来。他对妇人说：“不好意思，我是新来的，耳朵有点儿不好使，而且也不知道这衣服多少两银子，我先问一下掌柜。”

说完就冲着后堂大喊：“掌柜，那件貂皮大衣卖多少两银子？”

掌柜回答说：“500 两。”

“多少两？”伙计又问了一遍。

“500 两！”

掌柜的声音很大，夫人听得一清二楚。正当她觉得太贵，打算起身离开的时候，伙计憨厚地对妇人说：“掌柜的说 350 两！”

妇人一听顿时眼睛一亮，认为肯定是小伙计听错了，如果自己此时买下的话能少花 150 两，于是趁着掌柜的不在跟前，赶紧付完钱拿着貂皮大衣匆匆离开。

情境分析

很多人都有“占小便宜”的心理。案例中的伙计正是利用了夫人的这一心理，很轻松地把滞销了很久的貂皮大衣卖了出去。由此可见，客户爱“占便宜”的心理正是销售员打开产品销量的好机会。

销售心经

在日常的销售过程中，销售员利用客户“占便宜”心理提高销量的事例不胜枚举，例如打折促销、免费体验、优惠等。据相关的调查数据显示，某商场里销量最好的产品不是知名度最高的名牌商品，更不是价格最低的商品，而是那些打折促销的商品。它利用的正是消费者爱“占便宜”的心理。

为了提高产品的销量，很多商家也会做一些优惠策略。大多数客户在购买商品时都会货比三家，他们会看你给出的优惠是多少，然后和你的竞争对手做比较。如果销售员没有给客户一定的优惠，那么很有可能失去这次交易的机会。因此，销售员不仅要注重商品的质量，而且还要注意满足客户这种想要占便宜的心理需求。

但是，优惠不过是一种手段，说到底是用一些小利益换来客户，商家还是有利可图的，不然他们不会干这种赔本赚吆喝的事儿。当然，在优惠的同时，销售员还要传达给客户一种信息：占便宜的好事不是经常有，你遇见就是一种幸运。这样，客户才会争先恐后地购买你的商品，以免自己失去占便宜的机会。

有时候，即使销售员介绍的产品有些差强人意，但是客户看到优惠还是很愿意购买。如果客户对产品提出意见，销售员千万不要直接否定客户的说法，而是要理智地正视其中的问题，然后用产品的优点来弥补这个缺点，这样客户就会感到心理平衡，同时也不影响他们的购买决定。比如，客户说：“你的这个产品质量有问题。”作为销售员的你可以这样告诉客户：“产品确实有点儿小问题，所以我们才优惠处理。不过虽然有点小瑕疵，但我敢保证绝对不会影响使用效果，而且以这个价格买到这种产品很实惠。”这样一来，客户就会自觉地忽视掉产品的缺陷，进而做出购买的决定。

销售精英小贴士

爱占便宜是很多客户都具有的一种心理倾向。只要销售员能充分地把握客户的爱占便宜的心理，产品销售过程中就很有可能出现抢购热潮，销售业绩也会得到显著提升。

安全心理：消费者都很怕上当受骗

销售箴言

自我保护是人的本能，安全心理是客户购买产品时自我保护的一个屏障。

一般来说，客户对于自己不熟悉的事情，本能存有一些戒备心理。所以，当有人向他推销产品时，他不敢轻易相信。为了避免自己上当受骗，他们并没有把销售员的话过多的放在心上，甚至抱着逆反的心理和销售员针锋相对，一较高下。

其实，客户害怕上当受骗的心理不难理解。毕竟在他们生活的周围，也可能会有亲朋好友或者自己都有过上当受骗的经历。此外，他们从各种媒体上也会看到很多损害消费者权益的事情。所以，“一朝被蛇咬，十年怕井绳”“防人之心不可无”。基于上述心理因素的影响，客户对销售员戒备抵触也很正常，尤其是碰到一些上门推销的销售员。

情境再现

有一家建材店代理了某家知名厂家的产品。由于产品的质量过硬，因此价格也比市场上普通的产品高出很多。但是，除非专业人士，否则单从外观上看，普通客户很难看出这批建材有什么特别之处。就这样，那些普通的建筑材料凭借价格优势一路畅销，而这些优质建筑材料反而因为价格昂贵一直滞销。后来，这家建材店的老板想出了一个让客户真正了解这批建材的方法，那就是让客户亲眼看看。

于是，在一个热闹的周末，这家建材店的老板带着他的建材来到了一个熙熙攘攘的商场门口。在那里，这位建材店老板搭了一个临时的简易台子，台子正上方的横幅上写着几个大字“煮板论英雄”，非常醒目。此外，在台子左边和右边分别写着“煮遍天下木地板”“胜者奖励一万元”。台子正中间放着一口大铝锅，锅里的水被烧得水花翻滚。

10:00刚过，老板看到台下人头攒动，于是趁机拿出一块木地板，对着话筒大声说道：“这是我们的建材店出售的正宗木地板，用肉眼观察，大家可能看不出它有什么特别之处。所以，我就用其他的办法，让各位朋友亲眼见证一下，我们的木材绝对是上等的木材。我可以拍着胸脯向大家保证它在滚烫的水里煮上两个小时都不会变色、弯曲、变脆。如果有谁不相信，能找出同样性能的地板，我就当场奖励他一万元。”说着，他就将手里的那块木地板扔进了滚烫的开水中。

按照一般的生活常识，水是木地板的克星。一旦长时间沾水，木地板就会变形拱起。而这位老板不仅把木地板泡在水里，而且还用温度这么高的热水。如果那块木板经受住了考验，那么无疑是上等材料。

老板说完奖励措施以后，一个心急的小伙子马上上了台，把手里的一小块木地板丢进了滚烫的锅里，想要和老板的木地板一较高下。结果不到一分钟，这块挑战的木板就败下阵来。老板大声宣布比赛的结果：“大家都看到了吧，落下来的这一层粉末其实是木地板里面夹杂着的锯末，这说明这块木板不是真正的实木地板！”小伙子无言以对，垂头丧气地走下台来。接下来，又有几个人拿着木地板前来挑战，结果和小伙子拿来的一样惨败而归，这些木地板经过水煮要么弯曲变形，要么就是发现里面夹杂着锯末。

老板见时间差不多了，便从锅里捞出自己的那块木地板，大声说：“朋友们睁大你们的眼睛仔细看，这块木地板已经在开水里煮了两个多小时，不知道大家有没有发现，它现在和没有用水煮过前没有丝毫的变化。”

亲眼所见之后，大家都对老板的木地板赞不绝口，有的问价格、有的问电话、有的问地址。就这样，这家建材店的产品得到了大家的信任，渐渐打开了销路。

情境分析

不怕客户不相信，就怕产品没实力。客户固然有害怕吃亏上当的心理，但是如果碰到货真价实的产品他们也会心服口服。这位老板的成功之处就在于他把自己的木地板当面煮给客户看，这种现场展示比口头介绍更有说服力，更容易让人信服：眼见为实，客户亲眼看到木地板被煮过后没有出现自己担心的情况，自然就会对它的质量完全放心，从而促成购买。

销售心经

一位金牌销售员曾经说过：“作为销售员，你不是要打动客户的脑袋，而是要打动客户的心。”因为心才是离客户钱包最近的地方。在销售过程中如何迅速有效地消除客户心中的疑虑，让客户真心地觉得你是一个“安全”的销售员，从而愿意接受你所推荐的产品呢？

1．主动说出产品的缺点

在成交之前，客户对产品的质量或功能缺乏信任，对销售员也有一定的防备心理，这是在所难免的。遇到这种情况，销售员不妨“坦白从宽”，事先告诉客户自己的产品存在哪些方面的缺陷，因为即便是你现在不说，客户迟早也会在使用过程中发现产品可能存在的缺陷。

（1）销售员主动罗列出产品的缺点之后，客户对销售员的个人印象有所改观，觉得起码他是一个诚实的人，没有刻意隐瞒，这样就打下了一个良好的沟通、合作基础，销售员离成交又近了一步。

（2）客户对产品的缺点悉数尽知，他就会觉得销售员并没有刻意隐瞒，而是站在自己的立场上分析产品，这样不仅增加了对销售员的好感，更减少了对产品的疑虑。

（3）销售员主动说出商品的缺点，可以避免客户发现问题产生“秋后算账”的纠纷，而且这样做能使你和客户的关系由消极的防御式变成积极的合作式，从而更容易获得交易的成功。

2．让客户现场亲眼看一看

我们常说：“耳听为虚，眼见为实。”如果销售员仅仅依靠一张嘴阐述产品的性能和功效，也许根本无法取信于客户。即便把产品说得天花乱坠，客户也只会认为你是在自吹自擂。但是如果你在现场示范，让客户亲眼见证一下，客户的信任感就会明显提升很多。

3．让客户亲自动手试一试

很多时候，当客户亲自使用过产品后，才会彻底消除安全顾虑。作为销售员应该明白，当客户对产品持有质疑时，解释太多反而会越抹越黑，最好的办法就是让客户亲自试一试。

美国有一位名叫斯坦巴克的犹太人，他在推销安全玻璃时业绩斐然，旁人都难以望其项背。其实，斯坦巴克成功的秘诀就在于，他在推销的过程中总是随身携带自己推销的产品和一把铁锤。每当有客户怀疑他的安全玻璃的质量时，他就让客户拿起锤子使劲敲击玻璃。当客户费尽九牛二虎之力也没有砸碎玻璃时，自然会对玻璃的质量产生绝对的信赖并买下它们。

由此可见，仅仅让客户当看客，有些人还是会对产品持怀疑态度。这时，销售员就应该请客户亲自来试一试，当客户亲身体验了产品的性能后，就会消除对销售员及产品的疑心。

毫无疑问，在销售过程中，客户都有一种害怕吃亏上当的自我保护心理。销售员如果不能正视这个问题，就无法真正消除他们的疑心和防范心理，因此销售工作势必会受到影响。销售员只有满足了客户的安全心理，才能有效地打开产品的销路。

销售精英小贴士

基于客户的安全心理，销售员一定要善于接受并巧妙地去化解客户的安全疑虑。客户只有建立起对销售员以及其产品的信任，才会放心购买。

第二章

明星销售员的心理状态

乔·吉拉德说："一生中唯一卖出的产品就是你自己。"销售员推销的不仅仅是产品，更重要的是自己。而要想把自己成功推销给客户，良好的心态是制胜的法宝。那些聪明的销售明星就很懂得调整自己的心理状态，让自己以过硬的心理素质迎接销售中的各种挑战，最终攀上事业的巅峰。

以全身心的爱来面对一切

销售箴言

“干一行，爱一行”是一种基本的职业道德。销售员应该明白真正的爱从来不会被浪费，爱的网撒在哪里，哪里就有收获。

马丁·路德·金曾引述过一首无名作者的诗：假如你命该扫街，就扫得有模有样，一如米开朗基罗在画画，一如莎士比亚在写诗，一如贝多芬在作曲。同样的道理，作为一名销售员，也应该做到“选我所爱，爱我所选”。不管是对推销的产品，还是推销的客户，抑或对推销工作本身，销售员都应该以全身心的爱来对待。只有无所保留的付出，才能有理想的收获。

汤姆·霍普金斯说：“推销是一种令人自我骄傲的职业，你必须喜欢你所从事的这项工作，才能为工作神魂颠倒。你脑海中只有一个念头——自己的产品与服务一定会得到客户的青睐。”如果销售员在推销的工作过程中，能有这样的思想觉悟，并且真正地把全身心的爱付诸实践中，那么成功的大门必然会向你敞开。

情境再现

王浩上学时读的是汉语言文学专业，毕业后由于一次机缘巧合，接触到了二手房销售这个行业。面对陌生的领域，全新的挑战，他感觉非常吃力。每天为了寻找优质房源东奔西跑，为了开发新客户绞尽脑汁，遭白眼、吃闭门羹对他来讲是家常便饭，一个月下来身心俱疲。就算是这样，他还是咬着牙坚持了下来。

面对工作的挑战，他总能积极调整自己的心态，并且用实际行动证明了“客户虐我千百遍，我待客户如初恋”这句行业“名言”。渐渐地他自身的素质也提高了很多，业绩也“牛气”十足。当有人问到他对推销的认识时，他说:“从某种角度上来说，推销其实是一项情感性工作。就算是被客户拒绝，灰心丧气，但是我仍然觉得销售有一种魔力，它可以帮助我改变自己、完善自己。因此我非常喜欢这份工作。”

情境分析

所有的销售员都应该有这样一种态度，既然选择了做销售，就应该把全身心的爱投入到这份工作当中来，否则，就做不好这项工作。案例中的销售员王浩如果没有对职业的喜爱，就没有勇气应对销售中的各种困难，更无法完成销售任务。只有对工作投入感情，才会觉得甘之如饴，即便是面临再多的打击和挫折，也会觉得“销售有一种魔力”。

销售心经

爱是一切成功的秘密！没有爱，就没有了前进的动力。要想成为一个优秀的销售员，需要全身心充满爱。

1. 爱公司

销售员加入一家公司后，首先要扪心自问：这家公司好吗？我爱这家公司吗？如果答案是否定的，那么就另寻出路，否则对自己、对公司都没有一个好的发展。只有全身心地把自己的情感投入到公司，才能创造出好的销售业绩，否则整天对公司充满怨恨，如何做得好工作？

爱公司的第一点就是要对公司有一个全新的了解。了解公司的历史、使命、客户、产品、发展目标、组织架构、业务范围、销售渠道等。

许多销售员对公司的运作一无所知，如果有人问他：你们公司的销售渠道都有哪些？他的回答是“不知道！”“这个与我无关。”这样的人很显然和公司没有什么感情基础，更没有把全身心的爱投入到公司。

爱公司的第二点就是既然加入了这家公司，最好能把这家公司当作是自己的事业平台。在这个平台上，除了获得公司给予的劳动报酬，更应该好好规划自己的事业和未来。古人云：“不求近功，不安小就。”一个人如果对自己的事业没有一个长远的打算，浅尝辄止，安于现状，生活一定会困难重重。所以，销售员一定要把今天的工作与将来的事业紧密联系在一起。

爱公司的第三点就是要时刻关注公司的发展。有句话说得好：“皮之不存，毛将焉附？”公司的未来往往与销售员的未来息息相关，倘若公司没有一个好的发展前景，那么将来的你又该何去何从？因此，一个真正热爱公司的人不仅要做好业务，还要经常宣导公司的未来，建立客户对公司的信心，以一个有大局意识、认真负责的销售形象真正赢得客户的信赖。

2. 爱产品

有一句话叫：“你不理财，财不理你。”同样的道理，作为销售员，也要热爱和关注自己推销的产品，否则无法得到产品回馈给你的经济报酬。

什么叫热爱产品？热爱产品就是充分了解产品的生产过程、原料组成、产品等级、产品构造、产品特性、产品销售途径、产品优点、产品的卖点、产品的利益点、产品使用方法、产品的维护、产品包装的注意事项、产品使用注意事项、产品的用途、产品的口碑、产品的缺陷等。在了解产品的基础上，有技巧地淡化产品的缺陷，多让客户看到产品的优越性，让产品赢得客户的青睐，从而打开销路。

3．爱客户

有人说销售就像谈恋爱，恋爱的对象是客户。作为销售员，一定要清楚自己的“爱人”关心什么。通常情况下，物美价廉是客户购物时共同的心声。销售员如果能站在客户的立场上满足其购物的需求，让他获得自己关心的利益，才能实现双方的共赢。

爱客户就应该帮助其解决实际问题。特德·莱维特说过：“客户真正购买的不是商品，而是解决问题的办法。”如果有机会帮助客户解决问题，那么一定要抓住这个时机，尽一切可能帮助客户，这是销售员取得事业上成功和超越竞争对手的最有效方法。只有赢得了客户的认可，自己才能赚到钱。

销售精英小贴士

情感是销售活动中的催化剂，销售员只有把自己的爱全身心地投入到工作中，才能获得持久的动力，对企业、对产品、对客户没有感情的人是无法获得良好的销售业绩的。

自信的人运气永远不会太差

销售箴言

自信的心态是销售员获取成功的精神力量，更是完成交易的制胜法宝。

有这样一则故事：有个女孩，清华大学建筑学院毕业后，顺利拿到美国哈佛大学研究生院的录取通知书。可是，让她没想到的是，一切准备就绪后，在美国大使馆办理签证时却发生了状况。女孩在被拒签两次之后伤心地哭了。

后来在朋友的建议下，她去找了一家名叫“信心”的咨询公司寻求帮助。公司只有三个人，老板加两个助手。老板把女孩的签证材料翻看一遍，发现没有问题。于是又让女孩详细介绍了两次被拒绝的经过。女孩轻声细语地讲着，耷拉着脑袋，一双眼睛躲躲闪闪，始终不敢看老板一眼，老板听着听着就发现了问题所在。

原来，女孩性格内向，不善与生人交往，一讲话就羞红了脸，还老爱低着头，给人一种没有自信的感觉。老板让女孩参加了三项训练，分别是抬头、平视、大声说话。两个星期的训练结束后，女孩第三次去办理签证。这次女孩始终高昂着头，眼睛一直与那个签证官对视，侃侃而谈，应对如流，从容不迫。那个签证官充满怀疑地看着前两次的拒签记录，根本看不出这个女孩哪里有不自信的表现，最后，他微微一笑说：“你很优秀，看不出有拒绝你的理由，美国欢迎你。”这次女孩只用了短短的5分钟，就顺利地拿到了签证。

从上面的这个故事我们可以看出，人生需要自信，自信的人运气不会太差。销售是一项复杂的工作，当然更离不开自信的心态。自信是人发自内心的自我肯定和相信，它最大的敌人是自卑和恐慌。

我们经常会发现这样的销售员，每次拜访客户与之交谈的时候，总是不自觉地干笑几声，或者口头禅频繁使用。诸如“比方说”“那么”“嗯”等，这些词汇出现的次数非常多，有时10分钟下来，可能要说一百多次。还有的销售新人甚至不敢敲客户的门，一接客户的电话说话就磕磕巴巴。那么，为什么平时能言善辩的销售员们，一旦与客户打交道，就变成这副模样了呢？

这很显然是不够自信，所以采用干笑或者口头禅来掩饰自己的尴尬和自卑的内心。其实，产品交易是客户与销售员的共赢，所以二者地位平等，销售员没有必要卑躬屈膝，用自卑的心态刻意迎合客户。不管什么时候，自信才是一切成功销售的原动力，可以说没有自信就很难做好销售工作。

所以销售员一定要对自己的工作充满自信，对自己的产品充满自信，对自己的能力充满自信，对未来充满自信。要知道你推荐产品并不是单纯地想从产品中取得利润，而是可以有效地满足客户的生活需求。所以你有足够的理由相信自己的产品可以打动客户，得到客户的认可。

情境再现

李涛曾是某钢铁厂的一位高层领导，但是由于市场不景气，在 40 岁那年，他失去了工作。后来几经辗转成为一名汽车销售员。刚开始时，家人纷纷劝他说：“你搞了这么多年的管理工作，销售汽车方面的经验一点儿都没有，你还是另谋出路吧。”李涛承认业务知识不行，也缺乏经验，但是他想亲自尝试一下。

他说：“我收集了很多资料，这些资料显示我国的汽车行业有一个良好的发展前景。同时，我也觉得销售是一个不错的职业，我相信它有很好的未来，我还彻底研究过我可能会遇到哪些方面的竞争，我坚信自己可以做出全公司最好的业绩。当然，在这当中我肯定会碰到很多困难和挫折，但我不会气馁。”

有的时候，自信真的能给人带来好运气。最后李涛做到了，不到两年的时间，他的推销业绩在公司遥遥领先，迅速得到公司老板的赏识，顺理成章地被提拔为公司的业务经理。

情境分析

作为一名销售员，必须具有必胜的信心和无畏的精神。与公司那些年轻力壮的销售员相比，李涛在年龄、精力、经验等方面都输了一大截，但是李涛用自己必胜的信念和绝对的自信重新赢得了事业的腾飞。由此可见，自信的力量不可忽视，自信可以创造奇迹，自信可以换来好运，自信可以给人生带来转机。

销售心经

接近的英文是Closer，Closer的第一个字母“C”代表信心（Confidence），如果去掉“C”，就变成了一个失败者（Loser）了。从这个角度来讲：没有信心，可能会失败。

既然自信心如此重要，那么销售员应该如何建立自信，让自己以后的销售之路变得胸有成竹、游刃有余呢？

1．充分的准备

充分的准备是自信的基础。比如拜访客户，如果销售没有做好准备，谈话内容空洞无物，显得对自己所销售的产品一无所知；语无伦次，说很多没有效率的话；谈话总是谈不到点子上，不知道客户的真正需求点在哪儿；夸大其词，甚至“无中生有”。这都会让客户失去了解产品的兴趣。所以说充分的准备是建立自信的必要条件，没有准备，就没有信心十足的表现。

2．消除紧张

神色慌张是不自信的具体表现。那么，销售员应该如何消除紧张呢？除了进行充分的准备之外，销售员还应该进行情景模拟，多练习说话，熟悉业务；必要时要学会自我暗示和自我安慰，并且拿成功的销售经验做后盾，这样慢慢地就会克服自己的恐惧心理。

3．杜绝质疑

（1）不要质疑产品。事实上，只要产品符合国家标准、行业标准，那它就是合格的产品。因此，销售员不要轻易质疑自己产品的性能，这样同客户洽谈时才有底气。

（2）不要质疑自己。人天生就具有一种应付环境中不寻常挑战的能力。所以不要随便质疑自己推销的能力，只有充分相信自己，才能不断创造奇迹。

（3）不要质疑公司。你的信念体系决定你的命运。对于公司提供的产品、公司的经验模式、公司的营销渠道、公司的经营理念，不要随便质疑。“自信者，人自信之。”如果连销售员自己都怀疑公司的品牌和信誉，那么又怎么能建立起客户对公司的信任呢？

销售精英小贴士

销售员就是一个用自信创造业绩的职业。大家不要随意否认自己，更不要质疑公司和产品，而是要克服紧张心理，做好准备工作，底气十足地开启销售之路。相信自信的人一定会有好运气！

做情绪的主人而非奴隶

销售箴言

对自身情绪的控制与调节能力，是衡量销售员素质的重要标志，也是关系着销售成败的关键因素。

情绪是指是对一系列主观认知经验的通称。我们常常会把情绪分为喜、怒、哀、乐、爱、恶、惧七种基本形式。人们要想很好地控制这几种情绪并非一件易事，拿破仑就曾经说过："能控制好自己情绪的人，比能拿下一座城池的将军更伟大。"虽然说情绪的自我管理比攻城略地还难，但是它直接关系着人的身体健康、生活质量及工作的效率，因此不得不引起重视。对于整天和客户打交道的销售员而言，更应该管理好自己的情绪，没有哪个"上帝"会喜欢和一个情绪消极的人讲话。

作为一名销售员，碰到顺利的情况如沐春风，碰到棘手的问题又仿佛置身"地狱"，方才还与上一位客户热情交谈，此刻却吃了下一位客户的"闭门羹"。不论是谁，当推销遭到客户的白眼或者拒绝时，心里一定非常难过，为了排泄心中的不快，有时难免怨天尤人、满腹牢骚，甚至和客户大发脾气，大打出手。而这样的后果，不仅不会让自己的心情有所好转，更会彻底得罪客户，从此"恶名"远播，说得严重一点，这样的负面情绪迟早会断送自己的销售事业。因此，涉足销售行业的人务必要学会控制自己的情绪，警惕自己被情绪左右，沦为情绪的奴隶。

不过销售员在控制自己的情绪时，心里一定要有一把衡量的标尺，小心走向极端。比如，有的人要么消极悲观、妄自菲薄，要么盲目自大、自以为是。这些情绪都是销售工作中的"毒瘤"，危害无穷。妄自菲薄让人陷入自卑的泥潭中无法自拔，盲目自大则会使人眼高于顶，不知道悬崖勒马。

情境再现

杨伟是某保险公司的一名销售新人，刚入职的时候，看着公司年薪百万元的销售明星心中充满了羡慕，但是他和人生中的第一个客户交锋便气急败坏地落荒而逃。

一天，他兴冲冲地给某公司的董事长推销保险。当他来到董事长办公室的门口时，一个秘书跑过来以董事长正忙为由拦住了他。董事长平时就不见不速之客，更何况他只是一个小公司籍籍无名的销售员呢？所以接下来不管杨伟用什么样的方式软磨硬泡，请求约见，秘书都寸步不让。

万般无奈之下，他只好忍着怒火请求秘书将他的名片递给董事长即可。看着杨伟满脸的诚恳，秘书不忍拒绝，于是帮忙答应代为转交。但是让杨伟没想到的是，董事长因为最近生意不顺，心里十分恼火，接到名片之后看也不看便随手一撕两半，然后又扔给了秘书。见董事长如此恼怒，秘书便吓得赶紧退了出来，然后对杨伟据实以告。看着秘书手里被撕碎的名片，他心中的怒火再也遏制不住了。他觉得自己受到了奇耻大辱，红着脖子，破口大骂："你们这董事长还有没有素质？不见就不见，为什么要撕我的名片？太欺负人了！"经过他这么一闹，公司瞬间就炸开了锅，最后他被保安连拖带拽地赶出了公司。

情境分析

作为一名合格的销售员，时刻要控制好自己的情绪，即便是碰到无理取闹的客户也不能心烦气躁、自乱阵脚。案例中的销售员就是一个不善于管理情绪的人，年轻气盛觉得自己凭什么要受客户的窝囊气，殊不知这样意气用事不仅会激化与客户之间的矛盾，更会连累公司的名声。由此可见，控制好自己的情绪至关重要。

销售心经

一根火柴微不足道，一栋房子价值百万，但是一根火柴足以让一栋房子燃烧殆尽。情绪就像火柴，烧掉的可能是销售员无法估量的未来。作为一名销售员，如何摆脱暴躁、低落等负面情绪的困扰，保持良好的工作状态和饱满的激情呢？下面是一些控制和调节情绪的方法，可供大家参考。

1．承认自己的情绪化

改正错误的前提是认错。承认自己情绪化，正确地审视自己，有了这个前提条件，销售员方能进一步管理好自己的情绪。比如，拜访客户前紧张彷徨，我们可以告诉自己："我害怕拜访客户，但是我会努力做好的。"当我们给自己这样的心理暗示时，就表明我们承认自己有负面的情绪，同时有努力调整好情绪的决心，最后就会发现负面情绪会因为我们有意识地调控减缓了很多。

2．转移自己的注意力

对于经验不足的销售员而言，初次接触客户或者工作中遇到障碍，难免情绪激动，这时通过转移注意力可以平息自己内心的波动。比如，翻阅杂志或相册，从而使头脑保持镇静；也可以把注意力集中到自己向往的一些美好的人或者事物上；或者花几分钟的时间看看让人忍俊不禁的笑话，相信眼前的愉悦可以冲淡心中的紧张；此外，也可以听听音乐来调节情绪。

销售精英小贴士

推销工作时刻会面对各种突发情况，销售员要想在这个行业里有所作为，必须学会调节自己的情绪，做自己情绪的主人，只有摆脱了那些负面情绪的干扰，销售员才能理智、从容地处理好手头的工作。

坚持不懈才能成功

销售箴言

“一份心血一份财，心血不到财不来。”一名优秀的销售员最重要的素质就是坚持不懈。

美国一家调查机构想弄明白哪些性格的人赚钱能力最强，因此，他们对此进行了专项调查和分析，最后得出了如下一组数据：

每一项新的交易，80% 都要在打了第五次电话后才能谈成。

有 48% 的销售员打了第一次电话后就失去了一个客户源。

有 25% 的人在打第二次电话后就放弃了。

有 12% 的销售员在打第三次电话后放弃。

有 10% 的人继续打电话，直到成功。

而这 10% 的人正是推销界收入最多的人。

从这项调查中大家可以得出一个非常明显的结论：坚持才是王道，执着的人最赚钱。

其实想一想这也不难理解，每天的努力和不懈的坚持虽然不能起到立竿见影的效果，却可以让人从短暂的失败中不断地汲取经验教训，慢慢地丰富和完善自己，这样坚持的时间久了自然会有一个圆满的结果。

其实，优秀的销售员与平庸的销售员并没有太大的区别。在销售的路上没有一个人是一帆风顺的。跌倒了，爬起来，再跌倒，再爬起来。只不过最后一次跌倒爬起来的是成功者，爬不起来的是平庸者。当你走了1 000步时，也有可能遭遇挫折，但成功却往往躲在拐角后面，若不拐弯，则永远不可能获得成功。

情境再现

克尔以前在一家有名的报社担任见习记者，但是后来他觉得做记者实现不了他的人生价值，于是，他选择了更具挑战性的广告业务。当他辞去记者一职时，同事和朋友都十分不解，并且也不看好他的新工作，然而他对自己却信心十足。来到新的单位，他向经理提出不要薪水，只按自己的业绩抽取佣金的请求，经理二话没说便欣然应允。他从经理手中要了一份客户名单，但令他奇怪的是名单上每家有实力的企业，报社的广告业务人员都搞不定。面对同事关于无缘与客户合作的说法，克尔不以为然。在拜访这些客户之前，克尔总是先把自己关在屋里，站在一个大镜子面前，把客户的名称和负责人的名字默念十遍，接着信心十足地说：“一个月之内，我们将有一笔交易。”

事实证明，他确实是一个出色的业务员。仅在第一天，就有三个所谓的“不可能的”的客户和他签订了合同，到了星期五又有两个客户被他收入囊中，一个月后，名单上只剩一个没有合作的客户。

第二个月，克尔在拜访客户的同时，每天早晨，只要拒绝买他的广告的那个客户的商店一开门，他就进去请求合作，但是每一次这位商人都面无表情地一口回绝了他。可是面对每一次的无情拒绝，克尔都好像视若无睹，然后继续前去拜访，推销的兴致丝毫不减当初。

很快又一个月过去了，连续听了60天“不”的克尔突然得到了一次和商人交谈的机会。商人好奇地问：“你已经在我这里浪费了两个月时间，这么长时间以来你一无所获，我特别想知道，是什么原因让你坚持到现在？”

克尔说：“我当然不会故意到这里来浪费时间，我是到这里学习的，你就是我的老师，你让我明白身处逆境如何坚持，事实上我们都在坚持。”那位商人沉思片刻，然后深以为然地点点头，他说：“其实我不得不承认，我也一直在学习东西，你也是我的老师，我们都学会了如何坚持，对我来说，这份美好的品质千金难买，为了表达我的谢意，我决定买你一个广告版面，这是我付给你的学费。”

最终名单上最后一个“钉子户”被拔除了。当克尔把自己两个月的战绩交给经理时，经理又惊又喜，并且还表示愿意向社长提议，专门为他设立一个部门。

第三个月的第一天，以克尔为经理的广告二部成立了，在他的手下还有30多名员工。在这里，克尔找到了一个适合自己施展才能的全新空间。

情境分析

坚持和毅力是事业成功的双翼。在竞争激烈的现代社会，最能坚持的人往往才能笑到最后。正如案例中的销售员克尔一样，面对客户的无情拒绝，丝毫不气馁，熬过了60天的“不”，终于迎来了事业的转折。正所谓

"谁无暴风劲雨时，守得云开见月明"。只要有一股不服输，能坚持的韧劲，成功一定会在不远处向你招手。

销售心经

屡战屡胜，每单必签，这是每一位销售员共同的愿望。然而在实际的推销过程中，销售员总会遇到客户的质疑和其他的各种障碍。无论遇到什么困难，销售员都应该有百折不挠的勇气和信心。推销本身就是一场买卖双方意志的较量，那么如何才能在与客户的较量中立于不败之地呢？

1. 做到"三个坚持"

（1）坚持 100 天。无论销售的开头多么的不尽如人意，也不要放弃，竭尽全力干完 100 天再决定自己的去留。许多刚刚进入销售领域的人一碰到挫折，便远远避开困难，迅速躲到自己的安乐窝里。经验表明，如果没有水滴石穿的坚持精神，永远不会有什么大的出息。

（2）坚持"十不退让"的原则。有一项很有意思的调查资料显示：在 30 分钟的谈判过程中，日本人要说两次"不"，美国人要说五次"不"，韩国人要说七次"不"，而巴西人会说十多次"不"。由此可见，客户拒绝是一件很正常的事情，销售员不要一听到客户说"不"就畏首畏尾，裹足不前。推销的"十不退让"原则告诉大家：即使听到十次"不"，也不能想着退缩。

（3）坚持 1/30 的原则。在推销行业，大家都有这样一个共识：销售员每拜访到 30 个客户，才会有 1 个客户可能成交。乔·坎多尔弗每天 5 点起床，工作十几个小时，一年额外工作 150 天。就这样坚持的时间长了，拜访的次数多了，成交的可能性也就大了。

2．在实践中磨炼坚强的意志

对于每一个要克服的障碍，都离不开坚强的意志力。销售员只有依靠这种内心的力量才能走出推销路上的沟沟坎坎。事实上，意志力并非生来就有，它是一种能够培养和发展的技能。所以大家不妨通过高强度的训练，或者强迫自己做一些不喜欢的事情，再或者通过一些榜样的力量来达到磨炼意志力的作用。

销售精英小贴士

"锲而舍之，朽木不折；锲而不舍，金石可镂"。坚持不懈地雕刻下去，别说是木头，即使是坚硬的金属和石头，也能刻出字来。所以销售员要记住一点：推销的成败取决于自己的坚持。

懂得适当忍让，赢得销售成功

销售箴言

忍让是衡量一个销售员能否适应现代开放社会和做好本职工作的一个重要标准。适当地忍让可以为销售员带来长远的利益。

"一纸书来只为墙，让他三尺又何妨。长城万里今犹在，不见当年秦始皇。"一份家书让清代大学士张英美名远播，万人称颂。同时，他给后人留下了一个温暖的故事，这个故事引人深思。其实，这个六尺巷的故事可以说是一次礼貌的谦让，其结果也是皆大欢喜。所以从这个意义上来讲，适当地的忍让何尝不是一种豁达的人生境界？

忍让是人生的一种境界，也是和谐人际关系的一大法宝。对于竞争激烈的销售行业，销售员要想获得客户的认可和肯定，最重要的一个心理品质就是忍让。“顾客是上帝，顾客永远是对的”是销售行业的不二法则。销售员如果只是贪图一时口舌之快而得罪顾客，或者和顾客发生冲突，那么最终损失最大的还是自己。

作为一名销售员，特别是一名优秀的销售员，首先在自己的内心要有“恕”的理念，即宽容饶恕客户无礼的言行举止，“忍一时风平浪静，退一步海阔天空。”其实要做到这一点非常不容易，一定要经过长期的修炼，方可达到这种境界。当然，这个忍让也是有限度的，在保证自己尊严和利益的前提下可以做适度的让步。如果没有原则，没有尺度的一味退让，那便是懦弱。

情境再现

原一平刚刚涉足保险行业，就向一家大型汽车公司推销企业保险，可是听说那家公司一直以来非常抵触企业保险，任谁也无法动摇领导的决心。尽管如此，原一平还是决定试一试。

他连续两个月拜访这家公司的总务部长，从没有间断过，最终总务部长被原一平的这种精神打动了，决定和他见一面。但不幸的是这位领导还没有把他的保险方案看了一半，就果断地否决了。原一平回去后对方案进行了反复的修改，第二天，他又去拜访总务部长，可是，这位部长的态度依然冷若冰霜。他告诉原一平就算他制定再多的保险方案都没用，因为公司从来也没有参加企业保险的打算。原一平听得气血逆流，昨天对方没有认可方案，自己加班加点重新制定方案，可现在又说不管拿多少方案来都无济于事，这不是明摆着捉弄他吗？

但是他转念一想，我的目的是推销保险，对方有所需，自己的保险对其有百利而无一害，这单生意成交的可能性很大。于是，原一平冷静下来，心平气和地和总务部长道了别。从此以后，他仍坚持游说这位部长。一天又一天，一次又一次，最后这位公司的总务部长终于为原一平的忍耐力所折服，心甘情愿地和他签订了企业保险合同。

情境分析

忍让是一种非常宝贵的精神品质。只有经得起销售过程中的打击，才能赢得事业的辉煌。试想如果刚入行的原一平被拒绝后，没有忍住自己的怒气，与那位公司的领导当场翻脸，那么这份企业保险合同肯定会失败。从中我们也不难看出，正是由于宽容忍让的精神品格成就了他辉煌耀眼的销售业绩。

销售心经

“责人之心责己，则宽；利己之心利人，则容。”在工作过程中，销售员要有一种自控、忍让的能力和观念，既要忍让但又不能失了原则，只有这样才能与客户建立起沟通的桥梁。

1．宽容客户说错的话

销售员在与准客户交流沟通的过程中，应该抱着一种宽容的心态，不要为客户的话斤斤计较，更不要与客户理论，特别是客户对产品有异议的时候。也许他对产品没有一个客观的认识，因此评论的话也有一些言过其实，但销售员不应该去计较，与客户耐心地解释，才是最明智的做法。

人们常说，客户就是上帝！这句话真的一点儿也不错，他们对产品有绝对的“生杀大权”，销售员确实得罪不起。但如果你抱着宽容的态度谅解客户言语上的一些失误，也许客户会被你的人格魅力打动！最关键的是销售员可以拿客户的性格作为推销的一个突破点，不同的性格有不同的应对策略。只要客户有所“动作”，销售员就可以抓住对方的这个点，去了解其个性，就可以更好地与他们交流沟通。如果一个客户不善于表达自己，反而不容易找到销售的突破口，因为你不知他心里想的是什么，需求是什么。往往一个直言不讳的人最容易被攻破！但他有些话，可能听了之后不太舒服。如果销售员不能以一种宽容和忍让的态度面对，那么要想促成生意无异于公鸡下蛋、母鸡打鸣——异想天开！

2．宽容客户做错的事

在推销的过程中，有些问题明明是客户自己造成的，但他找理由推到销售员身上！其实，客户心里知道是自己错了，但碍于面子，不愿意承认，特别不是老板的业务员，更有这种可能，他不敢承担责任。对此，销售员不可据理力争，而是要表示对对方的同情。如果你包容了他这一次的失误，他在心里一定会对你感恩戴德，也愿意与你保持频繁的业务往来，即便是他换了东家后，也可能再来找你。因此，销售员只要和对方搞好关系，那么他走到哪里，就有可能把你的生意带到哪里！

3．宽容客户的斤斤计较

销售员在与客户交往中，可能会碰到很多斤斤计较型的人，不管是买什么都希望占点小便宜！碰到这种情况，如果数目不是很大，销售员可以做一些让步！我们说做生意与客户交谈，就是一种心理战，谁的心理好，谁就能赢！宽容忍让的人有时候貌似吃了亏，但是从长远来看，就是赚了大便宜，一个大度宽容的人才能成就一番事业。做人是这样，做生意更是这样！

销售精英小贴士

销售员在与客户打交道时必须要有自控忍让的精神，但这并不是意味着可以放弃原则，适度的忍让可以为自己带来长远的利益。

诚信让你的销售之路走得更远、更久

销售箴言

诚实守信、以诚相待是销售员获取利益最有效、最高明、最实际也是最长久的方法。

历史上流传着关于曾子的这样一则故事：曾子是孔子的门生。有一天，他的妻子要上街，孩子哭闹着也要去，妻子为了把孩子留在家里就哄他说等自己回来时杀猪给他吃。很明显妻子的话只是说说而已，并不打算真的这么做。因此，等她回家看见曾子真的准备杀猪便马上阻止。曾子说：做父母的如果在孩子面前不讲诚信，就等于教孩子也去欺骗。说完，就把那头猪杀了。

自古以来诚信就是人际交往过程中必不可少的精神品质。林肯也曾经说过：一个人可能在所有的时间欺骗某些人，也可能在某些时间欺骗所有的人，但不可能在所有的时间欺骗所有的人。对于销售员来说，拥有诚信精神价值千金。在一个信息传播日益迅速的市场环境下，销售员的小手段、小聪明在客户的面前根本无所遁形，即便是侥幸得逞，这种成功也是相当短暂的。要想赢得客户的认可，获得长远的利益，诚信才是王道。

要做到诚信，不是一件简单的事情。但是如果因为难做就放弃诚信，是无法在这个行业中生存下去的。美国销售专家齐格拉对此深入分析道：一个能言善辩却心术不正的人，可以使客户一时失去理智以高价购买劣质甚至无用的产品，但由此却会造成如下的损失：客户白白浪费了钱，彻底失去了对他的信任；销售员不但损失了自重精神，还可能因这笔一时的收益而失去了成功的推销生涯；从整个行业来说，销售员会声名狼藉，信誉尽毁，从此人人对其避而远之。

情境再现

有一位成功的销售员，每次登门推销都有随身带闹钟的习惯。如果客户不想与他交谈，找各种理由推脱，这时他便向客户郑重承诺，只打扰客户10分钟的时间。然后将闹钟调到预定的时间，10分钟后闹钟便会通知他谈话的时间已到，这时他便起身告辞。客户听到闹钟的声音，通常都会很惊讶，他便和气地解释：“不好意思，是闹钟声，我说过只浪费您10分钟的时间，现在时间到了。”客户对此的反应因人而异，大部分的人因为他的诚实守信大加赞赏，也有人认为他是死脑筋，还会要求他继续谈下去。不管怎么样，这个销售员都因为这个守时的举动，获得了和客户继续交谈下去的机会，也赢得了一些客户的好感和信任。

情境分析

销售员要想获得良好的口碑，不管采用何种方法，都应该重守承诺，杜绝欺瞒。案例中的销售员就非常守时，用小小的信用来赢得客户极大的信任。倘若他在会谈10分钟后还不起身告辞，客户就会认为闹钟只是他接近自己的一个借口，这样言而无信的销售形象又怎么会有一个好的销售效果呢？

销售心经

在当今竞争日趋激烈的市场条件下，诚信已成为销售员克敌制胜的先决条件和重要手段。唯有诚实守信，才能为销售员赢得信誉，从而在经济市场上生存和发展下去。谁损害或葬送了诚信，谁就无法立足于市场。那么，销售员如何训练并且表现自己的诚信呢？下面的一些营销经验可以帮助销售员成功推销自己。

1．不夸大事实

有些人为了激发客户购买的欲望，故意把产品吹得神乎其神，歪曲了事实。更可悲的是，时间一久，这些人也相信自己所夸大的事实了。因此，不要随意捏造一些不存在的事实，更不要肆意夸大和渲染产品的功效，时间久了那些吹嘘的话就再也没有人相信了。

2．三思而后“言”

这点其实很容易做到。有的人说话语速过快，以至于中心意思不够突出。有的人语言组织能力较差，无法准确表达自己的观点。但这并不重要，销售员开口前只要慎重思考，这样就不会出现词不达意的现象了。要知道谨言慎行远远要比“言不信者，行不果”强很多。

3．对产品的缺陷不要刻意隐瞒

这个世界上没有十全十美的产品，尽管客户对产品的缺陷非常介意，但是销售员要做到坦诚相待。如果仅仅只是对客户“报喜不报忧”的话，就会让他觉得你不够诚实，从而你在他心目中的形象也会大打折扣，推销结果可想而知。

销售精英小贴士

诚信是销售员竞争制胜的极其重要的条件和手段。如果销售员不为自己的信誉埋单，以次充好，欺瞒哄骗，迟早会无路可走的。

面对逆境，何妨一笑了之

销售箴言

逆境是一块磨刀石，销售员只有经得住逆境的打磨，才能发光发亮，熠熠生辉！

在销售行业，遇到沟沟坎坎是再正常不过的一件事情，就算是经验丰富或是业绩遥遥领先的销售员，也会出现业绩下滑的情况，也就是行业所说的“推销低潮”。其实，所谓的销售逆境并不仅仅指低潮期，有的时候在推销过程中，还会遇到意想不到的阻碍，令你觉得心情郁闷，抓耳挠腮。比如说，想在客户面前做一些现场展示，尽管事先再三检查，然而百密一疏，意外情况总是不期而遇，就算再资深的销售员也不能摆脱意外的困扰。

也许当你正在施加拉力以证明产品所使用的材料质量过硬的时候，却没想到产品爆裂断掉了；当你打开一瓶葡萄酒想让大家品尝一下的时候，喷出的葡萄酒洒在身上让你狼狈不堪。

面对这些销售逆境，很多人都灰心丧气、手足无措，既失去了客户的信任，又断送了成交的机会。其实纵观人生，哪个人不是跌倒了再爬起来，然后再跌倒再爬起来。如果销售员能理解生活的本质，眼前的这点困难其实就是人生的常态，等到雨过天晴之后，再回过头看以前的挫折，根本微不足道。所以，销售员碰到逆境，不要灰心沮丧，微笑面对才是最理智的做法。

情境再现

小梅是某保险公司新来的一名销售员。刚刚入职的时候，她怀揣着年薪百万元的销售梦想，拜访客户也信心百倍。可是在涉足保险销售不久后，她就像泄了气的皮球一样，垂头丧气。原因是每次拜访都很不顺利，客户一看见她不是绕着走，就是用怀疑和质疑的眼光看着她，甚至有人直接当着她的面诋毁她：“你们卖保险的都是骗子，卖的时候好话说尽，好事儿做尽，等我们出事儿需要理赔时就翻脸不认人！”生性内敛的她哪里经得起这般冷嘲热讽，做了一个星期还没到就毅然决然地辞去这份她觉得“受辱”的工作。

情境分析

“松下电器”的创始人松下幸之助曾经说过：“逆境给人宝贵的磨炼机会。只有经得起环境考验的人，才能算是真正的强者。自古以来的伟人，大多是抱着不屈不挠的精神，从逆境中挣扎奋斗过来的。”保险销售本来就会遭到客户的频频拒绝，甚至是冷嘲热讽，如果销售员没豁达的态度，如何创造一番引以为傲的人生事业？案例中敏感脆弱的小梅没有面对逆境的勇气，就注定她和百万年薪无缘。

销售心经

销售是一个高压力、高要求的职业，销售员要想取得好的销售业绩，必须有面对逆境的勇气，以一种积极的、微笑的心态去面对工作和生活。那么销售员面对逆境如何积极地调整心态，做到一笑了之呢？

1．太顾面子要不得

很多人往往最讲究面子，殊不知就是因为面子的问题，害死多少人！项羽深受重创，面对逆境，称无颜见江东父老，随后乌江自刎。若其能微笑面对人生，坦然看待得失，或许还能东山再起，那一片大好河山，鹿死谁手，尚知否？越王勾践不要面子，卧薪尝胆。面子何在？后东山再起，反败为胜，其理乎？有的销售员遭到客户冷漠地拒绝之后觉得丢了面子，心情抑郁，久久不能释怀，既破坏了自己的心情，又无法解决问题，这又何必呢？

2．得失心太重不可取

有的销售员得失心非常重，很看重利益。正因为如此，则往往会为其所累，不能尽如人意。销售员要想保持云淡风轻、一笑了之的豁达心态，最好不要急功近利，否则只会让自己身心疲惫。“谋事在人，成事在天”。销售员只要竭尽全力即可，其结果顺其自然就好。

3．感情用事行不通

对待销售工作不可掺杂太多感情，感情多了，束缚也就多了。在工作中面对逆境要学会坚强，要知道困难只是暂时的，风雨过后往往都会见彩虹。如果销售员对工作一不满意，就想着逃避，这样只能把自己定格成小人物，永远成不了大气候。因此，在销售工作中，不能太情绪化，始终保持乐观平和的心态，真正做到“骤然临之而不惊，无故加之而不怒”。否则人一旦情绪化，就会影响到销售员解决问题的能力。

4. 换位思考为上策

换位思考是应对逆境的好方法，比如面对客户的异议和销售的障碍，销售员要学会站在客户的立场考虑问题。换位思考之后，销售员才能真正理解客户的行为举止，即便是他的言语失当，给你造成一定的心理困扰，你也能理解和接受，从而很快舒缓自己的心情，微笑面对。

销售精英小贴士

销售员要想取得好业绩，必须能够经得起打击，扛得住磨难，并且能积极地调整工作心态。面对销售逆境，一笑了之，好运常常会垂青那些微笑面对的人！

和气能生财

销售箴言

和气生财，平安致富。只有和气地推销产品的人才能算得上是一个真正合格的销售员。

孔子曾说过：礼之用，和为贵。直到精神物质文明高度发达的今天，

“和”仍然是中华民族的传统美德。那么作为一个在客户堆里摸爬滚打的销售员，也应该是“和”的追随者，应该明白语气轻柔、服务周到、不厌其烦的良好表现更容易招揽客户，从而带来更多的经济收益。

情境再现

张梅是一家服装商场的销售员，其微笑服务深受客户的喜欢。开店不到一年，张梅就凭借自己甜美的笑容、热情周到的服务态度招来了很多的回头客。

一天，张梅店铺对面的女装店走进去一个穿着时尚的漂亮姑娘。这位女客户进店停留了四五分钟，这家店铺的老板娘仍然视若无睹，仍然和自己的两个朋友聊得热火朝天。那个姑娘问了一条长裙的价格，这位女老板立刻一脸不耐烦，没好气地跟她甩下一句话：“你的眼睛长哪儿去了？没看见衣服上有价格标签吗？”一句话噎得那位姑娘花容失色，怒气冲冲地走出了店铺。

余怒未消的姑娘一边骂，一边低头往前冲，不知不觉中走进了张梅的店铺。等她抬起头来的时候，映入眼帘的是一张满面春风的笑脸。看到张梅如此热情和善地接待自己，这位姑娘的怒气已经消了一半。在接下来的销售过程中，张梅耐心地给这位姑娘介绍了自己店里的几条裙子的款式、面料及价格。姑娘在经过几次试穿之后，终于买到了一条自己满意的长裙走出店门。走之前，这位姑娘还留下了一句让人听了为之动容的话：“这位姐姐，谢谢你的热情和耐心，我下次买衣服还来找你，你这么好的人，不找你找谁？”

情境分析

和气生财是人们在实践中总结出来的经验。上述案例就是对这句话最好的佐证。任何客户都希望碰到一个和颜悦色、服务态度良好的销售员，这样他们才能把自己口袋里的“财”心甘情愿地交给销售员。王梅用自己的一团和气迎财入门，而对面的女老板则用自己的一团戾气拒财入门。

销售心经

在这个竞争激烈的商业时代，销售员应该多一些宽容大度，少一些斤斤计较；多一些成熟理性，少一些浮夸急躁；多一些热情和善，少一些冷淡戾气。这样才能通过自己的正能量吸引更多的客户。

产品同样的质量，同样的价格，为什么有的商店门庭若市，有的商店门可罗雀呢？一些客户宁可舍近求远到服务态度好的商店买东西，而不愿到附近服务态度不好的商店买东西，由此可见销售员态度的好坏与其经济效益有直接的联系，和气可以给店里带来更多的人气，有人气就等于赚了财气。

那么，在实际工作中，销售员如何真正做到和气生财呢？

1．万事以和为贵，不要轻易和客户翻脸

有个手机销售员卖出去一部手机，后来由于质量问题，手机出了毛病，客户要求退款，销售员坚决不许，客户在一怒之下，连续在他店里闹了一个星期，使得其他的客户纷纷对他敬而远之。

2．心平气和

销售员在推销的过程中，不要把一些负面的情绪带到工作当中来，要懂得“微笑吸引人，皱眉赶走人”的道理。

3．让一步换来和气，争一步惹来晦气

如果客户对价格有异议，销售员在保证利益的同时可以适当地做出让步，如果死咬着一个价格不放，很有可能会触怒客户，失去一个成交的机会。反之，如果销售员能给客户一定的优惠，客户可能会因为你的让步做出购买的决定，并且下次可能还会给你推荐一个新的客户。

4. 气度就是风度，戒骄戒躁才和谐

销售员在向客户介绍产品时一定要有耐心，脾气暴躁或者态度冷漠是不会得到客户的青睐的。

销售精英小贴士

为了做到和气生财，销售员对客户讲话要态度和善、措辞谨慎、彬彬有礼，杜绝与客户发生争执，真正做到“宁可客户失礼于我，不可我失礼于客户”。

适当自我肯定

销售箴言

懂得自我肯定的销售员是自信满满的“王者”，而不是卑微低下的“乞丐”。

冯两努说过一句话：“推销员成功的秘密武器是以最大的爱心去喜欢自己。”要想让自己变成一位优秀的销售员，首先要接受自己，肯定自己，喜欢自己。如果连自己都嫌弃自己，客户又怎么会肯定你和你的产品呢？

在实际的工作过程中，很多销售员都会遇到这样的推销窘境：初次拜访客户，自信心不足，迟迟不敢敲门；好不容易鼓起勇气进了门，却紧张得大脑一片空白，结果被客户三言两语就打发出来；还有的销售员没有给客户打电话的勇气，就打了电话，说话语无伦次，思维混乱，客户一拒绝就几天不敢再打电话，结果时间久了就会怀疑自己是不是真的不适合这份工作；有的销售员不能听客户的反面意见，一有客户说产品不好、价格太高，他就会觉得自己公司的产品有问题，推销时自然也没有什么底气。其实，这些都反映出销售员不自信。对于销售员而言，缺乏自信，将会一事无成。

那么，销售员应该如何建立自己的自信呢？其中一个非常重要而有效的方法就是不断地进行自我暗示，自我肯定，自我激励。

情境再现

乔·吉拉德是美国著名的销售员。他的一生战绩辉煌，曾经在15年的时间里推销出了13 001辆雪佛兰汽车，被吉尼斯世界纪录大全认可为世界上最成功的销售员，连续12年荣登世界吉尼斯记录大全世界销售第一的宝座。他所保持的世界汽车销售纪录：连续12年平均每天销售6辆车，至今无人能超越。

乔·吉拉德成功的秘诀之一就是懂得自我肯定，自信满满。他在演讲时经常强调：要燃起熊熊的信念之火，经常告诉自己你是最棒的！每天都要不断地对自己重复这样一个念头。生命中有两句话非常重要：一个是“I want”（我想），另一个是“I can”（我能）。

情境分析

成功不是偶然。一个成功者的背后一定有很多外人所不了解的辛酸和艰难。所以，聪明的销售员总是懂得用自我激励和自我肯定的办法树立自己的信心。乔·吉拉德的“I want”“I can”就是在不断地自我强化和暗示，培养销售自信的具体表现。

销售心经

自我肯定是销售员走出推销困境、树立销售自信的一剂良药，而暗示则是进行自我肯定的有效方法。具体来说，大家可以通过以下几点来自我暗示。

1．用语言表达内心的感受

心理学研究中有一种“内省法”，就是让人理智地剖析自己的内心，然后将观察的结果如实讲出来。这样可以缓解自己内心紧张的情绪，使人们达到一种放松的状态。如果销售员能不断地运用这种“内省法”，听到自己内心渴望成功的声音，并且表明自己战胜困难的决心，必然会获得前进的动力，降低沮丧的压力。

2．告诉自己否极泰来

每个人生来都不会一帆风顺，试着对陷入销售低谷的自己说：“这是最糟糕的了，难道还有比这更糟糕的吗？”既然“最糟糕的”都已经发生了，还有什么可怕的呢？有一句话叫：“冬天已经来了，春天还会远吗？”当你在最不顺利时给自己这样的心理暗示，会增强心中的安全感，负面的情绪也会随之缓解很多。

3．避免用失败的教训暗示自己

销售员的头脑里不应该总想着一些不愉快的事情。比如，“昨天我被客户拒绝了”“卖一件衣服真的好不容易”等。因为越是这样，心里就会越失落。所以，不要总是提醒自己那些负面的结果，而应多用一些积极的暗示，比如:“客户虽然拒绝了我，但态度并不坚决，成功推销出去的希望还很大。”“这双鞋子迟早会被我卖出去的，也许明天就被客户买走了”等。这种积极的暗示和指导，比起总向自己强调负面结果要好得多。

4．提前给自己“预热”，调整心态

很多人都知道，汽车行驶前都要进行发动机预热，这样才能保证汽车良好的行驶状态。其实天下万物都是相通的，做销售工作亦是如此。当你准备拜访客户时，可以先和其他销售员聊一些让自己开心的事情，然后再出发。此时，你就会以愉快的心情、饱满的状态进入工作，这样成功的概率就会增加很多。

5．迎接挑战避开情绪低潮期

每个人都有自己的“情绪周期”，有时人们难免会陷入莫名的情绪低迷阶段。这时销售员就不要迎难而上，处理一些手头简单的工作就好，不要给自己增加过重的负担。棘手的工作可以等到自己情绪高涨时再处理。因为只有心情好的时候，工作积极性才会高，自信心也强，并且知难而上的挑战欲也很强。人在良好的状态下迎接挑战，可以淡化为难情绪。其实，良好的状态就是一种成功的暗示，这时候如果冲锋陷阵，往往很容易凯旋而归。

销售精英小贴士

在推销过程中，销售员要适当地自我肯定，不要总是自己否定自己。要知道，真正的敌人是你自己。多给自己一些激励和信心，不断暗示自己是最棒的，这样才能增加成功的概率。

第三章

对顾客进行分类是销售员的基本功

俗话说：“一母生九子，九子各不同”。因为生活环境、教育背景、生活经历等各方面的条件存在着差异，所以有的客户随和、有的客户犹豫、有的客户内敛、有的客户虚荣、有的客户专断……面对个性不同、性格各异的客户，销售员要有针对性地实施不同的销售方略。抓住了客户的性格特点，也就等于抓住了销售的脉搏。

对随和型客户要热情有礼

销售箴言

热情礼貌既是一种服务的态度，又是人际交往的法宝。对待随和型客户，销售员更应该以热情的服务，礼貌的态度让他们感受到你的爱心、关怀及尊重。

随和型客户一般性格温和、态度友善，即便是销售员在推销产品时唠叨，他们也会耐心配合，认真倾听，不随便发脾气。因此，在销售过程中，这种具备良好亲和力的客户非常容易相处。对待这类随和型客户，销售员千万不可认为对方容易相处，好说话，就爱答不理，言行无状，这很容易伤害他们的感情，失去他们的好感，最终销售目标也会随之失去。

管仲说："善人者，人亦善之。"首先，对待这样温和友善，素质较好的客户，销售员更应该用热情的服务感动他们，从心里喜欢他们，关心他们，把他们当亲人一样去对待。其次，对待这类客户要谦逊有礼，言行举止要文明礼貌，给予他们最大的尊重。

情境再现

小王是某家服装店的销售员。一天，林女士来到店里买衣服，小王见林女士进来，赶紧上前热情接待，并且向其推荐店里刚进的新款衣服。林女士一边认真地听着介绍，一边微笑着点头。一番交流接触之后，小王发现林女士的一颦一笑、一言一语尽显温和之态，于是判定她是一个善良随和的人。小王心里暗自窃喜，遇到这么好说话的客户，成交有望。

“姐，请问您喜欢什么样的颜色？”

“姐，您觉得这个款式怎么样？”

“咱们这件衣服面料的透气性和弹性都很好，穿着非常舒服。而且这件衣服的颜色和您白皙的皮肤很搭。您再看看收腰效果，穿着多显瘦。”

“您觉得这个款式不错，我给您拿下来试试，不合适，咱们再来试别的衣服。不管怎么样，必须给您找到一件穿着舒服，看着可心的衣服。”

“姐，这个号大是吧？那我给您找一件小号的衣服！”

……

就这样，一番热情和耐心周到的服务之后，林女士拿着衣服满意地离开了。走之前，林女士还满脸笑容地说道：“你的服务态度真好，下次我有什么需要，还来找你。”

情境分析

热情的态度是一个人爱心的体现，是与别人交往中最有效的方法。案例中，销售员面对性格随和的客户，不厌其烦地为其介绍、试衣、换衣，最后用热情周到的服务赢得了客户的好感，并且培养了客户很高的忠诚度，是一次成功销售的典范。

销售心经

其实，不只是对待随和型客户要热情有礼，对待任何客户都要这样。对于销售员来讲，除了必要的知识和素质外，热情和礼貌可以说是最重要的。在与客户的接触中，不论销售员掌握多么丰富的经验和技能，如果没有热情，一切都等于零，最终不可能赢得客户的认同，因为谁也不愿意和一个无精打采、毫无生气、言行粗鲁的人打交道。

热情是一种销售态度，它不仅能活跃气氛，而且能软化客户的拒绝，温暖人心，更能唤起客户的信任和好感。当然，热情还能够传染，用发自内心的热情推销产品，客户也会被这种正能量的情绪感染。

一个充满热情的销售员通常都自信满满、斗志昂扬，能够充分发挥自身的潜能。如果销售员工作久了产生倦怠情绪，可以通过以下途径来培养自己的工作热情和积极性。

1．自我激励

在进行销售活动之前，先给自己一些精神上的鼓励。虽然这种方式有点俗，但是却极为有效。研究发现：一个没有受激励的人，仅能发挥其能力的 20% ～ 30%，而当他受到激励时可发挥能力的 80% ～ 90%。所以销售员不可忽视这种精神的力量，自我激励可以给销售员一个内在的动力，使其工作保持应有的热情和积极性。

2．经常微笑

微笑是热情的一种具体表现。销售员需要经常锻炼脸部肌肉，使自己随时都能露出笑脸。把热情变成一种习惯。这种热情不仅仅是对随和型客户的热情，更是对推销工作、对生活和生命的热情。

但是需要注意的是，任何事情都要把握好尺度和分寸。在接待或向客户介绍产品的过程中，适当的热情是必要的，但是要有度，不要过火。因为热情过度反而会吓到情感脆弱、性格随和的客户，更有甚者会觉得你虚情假意而有所戒备，这样就会在客户心中无形中筑起了一道防线。

另外，过于热情会令客户觉得销售员动机不良，从而引起误会，他们可能怀疑产品有质量问题，因此不敢轻易购买。而且过分热情和热情服务是两个不同的概念。有许多销售员，他们太想做成生意而在服务方式上出现了偏向，反而在无形中给客户造成一定的心理压力，甚至有的客户对过分热情唯恐避之不及，最后出现适得其反的效果。

总之，热情需要把握好度，在与客户交流中要大方得体、不卑不亢、有理有节，掌握好进退的火候，这样客户才能比较容易接受销售员所推销的产品。

销售精英小贴士

对待随和型客户，销售员需要有积极的热情，礼貌的态度，这样才能增加客户的好感度，培养客户的忠诚度，为顺利成交打好基础。

对炫耀型客户要真诚称赞

销售箴言

自我表现、凸显优势是炫耀型客户的“病症”，真诚恭维、满足虚荣是应对炫耀型客户的“良药”。

在产品销售的过程中，会碰到许多性格迥异的客户。有这样一类客户，他们一般不注重产品的费用，更喜欢在销售员面前吹嘘自己，吹嘘自己光荣的过去和现在的富有等，总之他们想通过这种方式来凸显自己的优越性。销售员只要准确了解了这类人的习惯和爱好，就一定能找到适合与他们沟通的方法。

炫耀型客户总是希望得到别人的认同和肯定。在购物过程中，有时即使是花销严重透支，他们还会打肿脸充胖子，只为让别人觉得他们很富有，以实现炫耀的目的。这类客户其购买的目的不是追求产品的实用价值，而是用消费活动向人们炫耀自己的金钱或者权利，以满足自己的虚荣心。因此，销售员面对这类客户的时候，要学会倾听，很明显地表示出对他们的钦佩，甚至羡慕，这样就会极大地满足他们的虚荣心。他们收获了销售员敬佩和艳羡的眼神，心里自然非常高兴，这样买起东西来就会很大方痛快。

情境再现

李磊是某保险公司的一名销售员。一天，他来到某高档小区推销保险产品。敲了第一家的门，开门的是一位穿着雍容华贵的中年妇女，李磊看到屋内的摆设，禁不住感叹了一句，好高贵啊。没想到这一句话引得女主人笑逐颜开，热情地把他请进屋。看着女主人的反应，李磊一下子就有了推销的策略。

“大姐，看您身材高挑，气质出众，很有明星范儿，您过去是不是演员？”

“小伙子有眼光，一下子就看出来了。想当年我可是一名舞台剧演员，而且是正儿八经的女主角呢！”

“真的吗？太厉害了，您这么好的条件，当主角也是理所当然！”李磊流露出真诚而又羡慕的眼神。

“唉，岁月不饶人，现在不能和年轻时相比了，那时候我的人气很高的，只要一站在台上演出，保准场场爆满、掌声雷动……”

“真的吗？您太受欢迎了！”

“那是，不过我嫁人之后就离开舞台了。丈夫怕我工作太累，非要让我辞职。现在只剩下享受了，每天不是逛街买东西，就是和姐妹们搓麻将，好无聊啊……”

李磊看得出女主人虽然嘴上说无聊，但是满脸的自豪感和优越感，因此，他满脸羡慕地说：“您可真幸福，有这么好的丈夫疼着爱着。”最后，女主人的虚荣心被彻底激活了，于是更加侃侃而谈。同时女主人获得李磊的赞叹和羡慕，心里非常满足，脸上也乐开了花儿。在交谈的结尾，李磊顺势提出了自己推销的产品，女主人想都没想就痛快答应购买了。

情境分析

根据案例的描述，可以看出女主人是一位炫耀型性格的客户，“笑逐颜开”“热情请进屋”就表明她非常喜欢得到别人的肯定，对过去的舞台经历侃侃而言，更可以看出她炫耀的成分。

对待这种类型的客户，销售员李磊流露出真诚的赞美和艳羡的眼神，很好地满足了客户的虚荣心，客户丝毫没有犹豫就完成了购买行为。由此可见，这种“投其所好”的应对策略可以使销售工作变得异常简单和顺利。

销售心经

正所谓“曹操、诸葛亮——脾气不一样”。客户购买产品一般是有自身的需要，有的客户购买产品是因为看中产品的实用性，有的客户购买产品的目的则是想通过产品向别人显示自己多么富有和优越，面对产品的使用价值并不在意。

对于这样的客户，销售员要善于对其进行积极的引导，有针对性地向他们推荐高档次的产品，只有这些高档次的产品才能更好地迎合他们炫耀的心理。在推销过程中，销售员要善于给予客户心理上的满足，称赞的话可以多说，但是说的时候一定要走心，流露出你的真诚。此外，说话时不要违背客户的意愿，也不能说伤害其自尊的话，更不要自作主张给其推荐一些便宜的产品，赠送小礼物也有可能惹得他们不高兴，他们会觉得你这么做是瞧不起自己，从而拒绝购买产品。

值得销售员参考和借鉴的“恭维三部曲”。

1. 带着羡慕的眼神倾听

喜欢炫耀型的客户，总想把自己拥有的一切都向别人吹嘘一番。既然他有吹嘘的需要，销售员就有倾听的必要。而且在倾听的过程中大家还需要流露出真诚而又羡慕的眼神，这样才可以极大地满足他们的表现欲和虚荣心。你的倾听，既表达了对他们的尊敬，又融洽了买卖双方的关系，这样产品交易的难度就会降低很多。

2. 学会赞赏他们

喜欢炫耀型的客户总是希望听到一些肯定和赞美的话。这种赞美可以对他们的购买起到最好的催化作用。因此，销售员在销售过程中，要懂得灵活运用赞美技巧，对他们的能力表示钦佩，同时，还要表现出自己的逊色，这样可以更好地维护客户的面子。如果他们有中意的产品，一定要夸赞其眼光独到、品位高雅，受到赞美的客户一定会心花怒放，加快购买的步伐。

3．用激将法加快交易

炫耀型客户害怕失去面子，而这个缺点正是销售员实现交易的一个突破口。因此，销售员可以运用激将法提高销售的效率。当然，激将法是用来激发客户的强烈购买欲望，而不是激怒客户的，销售员在使用时要谨慎措辞，把握好分寸。例如，当交易快成功时，销售员可以对客户说："一看您就是一个办事效率特别高的人，咱们现在就把单子签了吧！"

销售精英小贴士

炫耀型客户最大的特点是喜欢在别人面前吹嘘自己，彰显自己的价值感。对此，销售员要用真诚的赞美，羡慕的眼神，认真的倾听来满足其虚荣心，从而为进一步的成交奠定基础。

对内敛型客户要体贴耐心

销售箴言

遇柔则柔，遇刚则刚。对待内敛腼腆型的客户，销售员需要采取"怀柔"之策。

在日常生活中，有的人口若悬河，有的人则沉默寡言。在工作过程中，销售员如果遇到不善于言谈的客户应该用体贴和耐心对待客户。因为他们不善于表达自己内心的想法，内心比较敏感脆弱，因此防备意识很强，而且他们也不愿意对销售员多说一句，对销售员推荐的产品也是寥寥数语，惜字如金。销售员面对这样的客户时，有时候会感到很茫然，无法找到销售的突破口。

其实他们的内心就像蜗牛的触角，如果碰到外界的刺激，很快就会缩回去。所以，销售员对待这类沉默寡言、不善交际的客户不能太过热情，而应该用春风细雨般的体贴和耐心叩开他们的心扉，用鼓励的言语激励他们说话。同时，在必要的时候学会赞美客户，多给客户一些鼓励和感染，这样他们才会放心地做出购买的决定。

情境再现

李明是某超市的一名手机销售员。有一天，一位先生来店里看手机，柜台的很多销售员都争先恐后地招呼着这位先生，热情地询问他需要什么款式和价位的手机，他都只是简单的回应："随便看看。"到每个柜台前都是走马观花，不做过多的停留。而且经过多人的询问，这位先生显得有些窘迫，脸涨得通红，转了两圈之后，他觉得这里没有自己想要的手机，于是打算离开。

很明显，这是一个腼腆内敛型的客户。根据李明仔细观察和丰富的销售经验，他可以推断出该客户肯定对某个品牌的手机已经"情有独钟"，只是因为款式或者价格的原因，或者是因为刚才销售员的轮番"轰炸"，有些猝不及防而一时失去了主意。

于是，李明很友好地把客户请到自己的柜台前，他说："先生，您是不是感觉某款手机还不错，只是觉得价格让您不满意。如果您喜欢，价格可以给您适当的优惠，先到这边来坐吧，这边比较安静，咱们再聊聊！"客户便坐了下来，然后两个人愉快地聊了起来。

小李首先没有直入主题，而是讲起自己曾经卖手机，因为不善言辞而出丑的经历，他说自己也是个比较内向的人，几年的销售工作让他改变了不少。与客户聊了一些这样的话题以后，客户很快就从话题中找到了共鸣。于是，在不知不觉中主动向李明透露了自己的真实想法。李明抓住机会向他推荐了一款理想的机型，并且价格他也能接受。同时李明还贴心地把自己的电话号码给了客户，并且向客户保证手机有了问题可以随时找他。最后客户终于放心地购买了自己想要的手机。

情境分析

没有解决不了的客户，只有不会推销的销售员。对于内敛型的客户其他柜台的销售员都采用了错误的销售策略，最后白白错失成交的机会。

相比之下，李明无疑是最明智的那个销售员。他懂得对待此类客户不能热情似火，否则只会吓到客户，而体贴耐心的服务才是对待此类客户的制胜法宝。因此，他友好地把客户叫过来，没有直接向客户推荐产品，而是通过聊天让客户放松。为了让客户对产品产生信赖，他还体贴地留了自己的电话号码，如此周到暖心的服务自然能打动客户的心。

销售心经

内敛型的客户自己说话很少，但是却喜欢对方比较健谈，只有这样谈话氛围才不会显得尴尬。同时他们的依赖心比较强，对信任的人会托付一切。如果销售员能够用自己的真诚来打动客户，他们会慢慢放下心里的防备，信任和依赖销售员。只不过这种信任关系的建立不可操之过急，销售员与其交流的过程中要放慢节奏，慢条斯理，说话要有理有据，不可不切实际地夸夸其谈，只有这样才能与他们慢热型的性格相契合。

因为内敛型的客户不善于表达自己，所以销售员要善于观察和分析，准确把握客户的心理需求，让客户感到内心舒服，同时能够温和地对待客户，拉近双方之间的距离感，最终建立客户购买的信心。

1．转移说话的主动权

很多销售员会我行我素、喋喋不休地向客户介绍自己的产品，这对沉默内敛型客户是一个错误的销售策略。因为客户的防备心理比较重，所以不会太在意你说的话。故而销售员要想办法把说话的权利转交给客户，让客户表达内心的想法及对产品的意见，这样销售成功的概率会大一些。

2．巧妙提问引导客户开口

提问题是鼓励客户说话的有效方式。因为面对销售员的问题，客户总是要做一些回答的，而客户的回答可以真正地反映其内心的需求和购买的动机。更为重要的是，一旦客户开口说话，无形中他们就会对销售员增加了几分亲近感，这对成功推销极为有利。

3．多对客户说一些鼓励的话

内敛含蓄的客户内心并不是如其外表一般冷若冰霜，只是为了保护自己而本能地限制自己的表现欲。面对他们的沉默寡言，销售员应该及时地给他们一些鼓励，激发他们说话的冲动，鼓励他们把内心的真正想法表达出来。一旦客户的热情被激活，也是能侃侃而谈的。因此，及时的鼓励和良性的引导不失为一种很好的销售策略。

销售精英小贴士

销售员对待内敛型的客户不仅需要耐心体贴的服务，更需要适当地鼓励，巧妙地提问，让客户慢慢地参与到销售的活动当中来，为下一步的成交做好准备。

对虚荣型客户要恰当赞美

销售箴言

爱慕虚荣是一种普遍的心理特质，这一类型的客户往往最爱面子。

网上有这样一则笑话：查理夫妇一直都向往一种自命不凡、高人一等的生活方式。一天，夫妇二人去参加一个上层人士举办的酒会，在闲聊中，话题转移到了莫扎特。

一个绝对的音乐天才，才华横溢，无人能及！有人简练地评价道。

加入这种对名人的品头论足，查理夫人怎么能甘于人后呢？于是，她赶紧抓住时机却又云淡风轻地说道："噢，我非常同意您的见解，对于莫扎特这个人，我也非常喜欢，也许大家都不敢相信，今天早晨我还在21路车站和他聊了几句，他正要去音乐厅客串一场演出，上车之前他还礼貌地向我道了别，真是一个有绅士风度的人。"

查理夫人的话音一落，周围便顿时安静了下来，随后大家都朝她投来轻蔑的目光。

此刻，查理觉得自己受到了巨大的羞辱，他走到查理夫人面前，略带愠怒地耳语道：“我们现在就走，快穿上你的外套，我们得赶快离开。”

驾车回家途中，查理一言不发。

“查理，你是不是生气了？”查理夫人打破沉默。

“噢，是吗？你终于注意到了？”查理用嘲讽的口吻说道：“你今天让我颜面尽失！你看见莫扎特坐21路车去音乐厅了？你这个自以为是的傻瓜！谁都知道21路车根本就不路过音乐厅！”

笑话中的查理夫妇是爱慕虚荣的典型代表。这类人有一个共同的特点就是喜欢吹嘘，非常好面子。其实，虚荣心人人都有，其体现在生活的方方面面，而在消费中，客户的虚荣心理也会表现得很明显。比如：虽然家里的物质条件不充裕，但是在购买产品时一定要选择高档奢华的；在销售员面前表现得自己财大气粗，不能容忍别人说自己没钱，买不起；如果别人对其表示出轻视的态度，其自尊心就会受到很大伤害。这样的客户就像一块久旱的田地，最需要销售员用夸奖和赞美的雨露灌溉和滋润。如果销售员夸他们能干、有钱、有品位等，他们一定会心花怒放、自鸣得意、心甘情愿地购买产品。

此外，此类客户一旦他们的虚荣心得到满足后，即便他没有多少钱，也可能会答应你购买的请求，或者许诺下次买你的东西，甚至会介绍客户给你。当然，即便他的许诺之类并未实现，也不必介意，所谓“买卖不成仁义在”，有时候很随便的许诺也许就导致意想不到的好结果，许诺总比不许诺强。

虚荣型客户为了保持炫耀的资本，会把自己逼成“拼命三郎”。这是虚荣心带给人们的正面影响。比如没有而吹嘘有，为了圆谎，下次无论如何也要买到；未看过偏说也有同感，过后只得狂补，以免露了马脚，贻笑大方。所以从这个角度上来说，虚荣心是客户购买产品的一大精神动力，销售员一定要抓住客户的这一心理特征，并且将其作为推销的一个突破口，这样成交的可能性就会大大增强。

情境再现

一天，某时装店来了一位着装十分雍容华贵的女士。在店里转了两圈后，她把视线锁定在了店内的一个高档套装区。一位女销售员便走过来热情地招待她，“女士，这套服装既高雅又时尚，和您这样高贵优雅的气质搭配起来浑然天成。”女士听了顿时眉开眼笑。女销售员见她很高兴，就认为她看中了这套衣服，便又说：“这套服装别看它做工非常精细，相对来说，价格一点儿都不贵，其他的服装比它要贵一些，但是穿在您身上不见得合适，对吧？”

女销售员心想：这样物美价廉的衣服，她肯定会马上购买的。但是该女士的反应让销售员大跌眼镜，听完女店员的话之后，那位女士立刻变了脸色，把衣服甩给销售员转身就走，并且边走边生气地说：“什么叫不贵啊？贵的怎么就不适合我了？你以为我没钱买不起是不是？告诉你，我最不缺的就是钱，真是太过分了，一点儿都瞧不起人，走了，不买了！”

尽管女销售员不停地道歉，但是那位女士还是很生气地离开了。本来板上钉钉的一笔生意，被女销售员后来加的一句话给搅黄了。

情境分析

爱慕虚荣的客户最害怕的就是被别人瞧不起。案例中的这位女士比较爱慕虚荣，穿得雍容华贵可能经济条件也确实不错，于是很讨厌别人说自己没钱，看不起自己，内心对“便宜”这个字眼比较抵触，而女销售员的话正好触动了她敏感的神经，伤害了她的虚荣心，所以才导致交易失败。倘若销售员了解其摆阔气、讲排场的虚荣性格，再适当地说一些赞美她的话，相信她一定会做出购买的决定。

销售心经

赞美是人际交往中最能打动人心的语言。对于虚荣型客户，即使你早已看出他吹嘘，也必须假装糊涂地附和一会儿：“您戴上它好漂亮啊！”“您穿上这双鞋子之后，身材显得更加高挑修长了！”甚至奉承他（她）道：“您买东西真有眼光！”

像这种利人不损己的“谎言”，多说一点儿又有什么关系呢？赞美的话既能给人带来快乐，又对产品的销售有很大的帮助，何乐而不为？一个善于包容他人缺点的人，总比别人多拥有成功的机会。

当然，赞美的话也要把握好尺度。适当的赞美可以起到和谐人际关系的作用，过度的赞美则会给人一种刻意阿谀奉承的感觉。此外，“奉承”的时候千万不能说漏了嘴，画蛇添足反而不好。比如说“×× 的太太，早就有了比你漂亮得多的东西了”之类的话一定会惹恼客户，相反，你不妨对她说：“×× 的太太花了三倍的价钱才买到这种东西”，这样的话才能激发她的购买欲望。总之，“奉承”有风险，使用需谨慎。

销售精英小贴士

对待虚荣型的客户一定要给足他面子。此外，销售员不可向其推荐便宜的产品，适当地夸奖和赞美才能真正满足客户的虚荣心理。

对专断型客户要“略有反抗”地服从

销售箴言

专断型客户具有独断专行、独行其是的心理特征，因此他绝对不是一个好的服从者和聆听者。

在产品推销的过程中，有的客户做事优柔寡断、毫无主见；而有的客户则是行事果断，我行我素，甚至像个统治者，他们喜欢独断专行，不愿意听取别人的意见。

碰到这样性格的人，无疑会增加销售的难度。因为独断专行的客户总是有自己的一套价值体系和办事方法，虽然让他们做决定不难，但产品必须完全符合他的要求，否则他们会断然拒绝销售员的成交请求。而在选购的过程中，这样的客户说话言简意赅，销售员无法通过其交流捕捉到更多对销售有用的信息。此外，他们还会提出很多要求，比如：“我觉得你们商品设计得有点单调乏味，你能给我换一个更有新意的吗？”如果答案不能让他们满意，那么客户就会毫不犹豫地放弃选购。

独断专行的人，很少顾及他人的感受，只是一味地希望别人能够认同和欣赏自己的见解与看法，希望别人能够顺从他的想法办事。独断的行事风格反映出他们的统治心理，一种强烈的控制欲望，希望得到别人的认同和服从。因此在销售过程中，销售员要懂得灵活地转换自己的角色地位，把自己转换到被动服从的位置，把客户转换到主动命令的位置，让客户自己来评判和选择产品。但是这个服从并不是一味地听之任之，而应该是有技巧地让其表露心迹，探知其购买的需求，从而获得销售的主动权。这种“略有反抗”的服从对于专断型客户极为有效。

情境再现

一天，某家具店来了一对年轻夫妇。其中的男士看起来胸有成竹的样子，当销售员要给他介绍某种品牌的时候，他断然拒绝，直截了当地说自己需要的是一种什么样的款式。销售员看得出来这是一个专断型客户，心中已经有了应对之策。

多年的销售经验告诉他，对于此类客户，只可智取，不可强攻。于是他机智地说："先生，我看您是那种很有主见的人，实话跟您说，我们这一品牌的家具质量受到很多客户的青睐，您可以和太太再看一下，看看有没有合适的？"没过多久，销售员发现他的太太看上了某一款，一旁的男士却不以为然，并且开始分析这款家具的优缺点。

通过他们聊天的内容，销售员听出了男士所喜欢的款式类型，于是给男士推荐了一款接近其要求的家具，并说："我觉得这一款可能会让您满意。"然后按照男士刚刚所说的标准介绍了一下这款家具。因为是男士刚才自己说的话，他也没有什么好反驳的，而且这款家具基本上符合男士的要求，所以他毫不犹豫地和销售员达成了交易。

情境分析

因为独断专行的客户很有主见，有时候会很执拗，对产品的选择也有其特定的标准，如果销售员无法提供其理想的产品，那么成交的概率就会很低。想要了解客户的真实意愿，就应该设法引导其说出内心的想法，或者让他自己说出对产品的不满之处，这样销售员就可以从他所透露出的有效信息中，分析总结出他理想中的产品是什么样子的，并且给其提供最合适的产品，以满足客户的需求。案例中的销售员就是通过男士的只言片语了解其真正中意的产品款式和类型，进而“对症下药”，于是很快成交。

销售心经

作为一个优秀的销售员一定要能屈能伸、灵活应对。以下是应对专断型客户的一些方法和策略，可供大家参考。

1．强制推销不可取

专断型客户通常很讨厌销售员“霸王硬上弓”。销售员越是热情地介绍产品的各种优势，他就越怀疑，也越不会购买。因此销售员要明得失、知进退。首先让客户自己说出自己的意愿来，调动客户的积极性，让他掌握产品的选择权，这样既满足了他的控制欲望，又使自己不至于太难堪。

2．引导客户表达自己的真实想法

对于专断型的客户，销售员可以直接问其需要什么样的产品。如果由于某种原因客户不愿说出自己的真实想法，销售员就要引导客户说出自己内心的真实想法，例如可以这样对客户说：“我看您很有主见和判断力，您想要选择什么样的款式，想必早已经心里有数了吧！”或者说：“您对我们的产品真是很有见地，我想您完全有能力自己做选择。”

3．给客户表现自我的机会

专断型客户总是以自我为中心，喜欢表现自己，对自己中意的商品情有独钟，不愿意接受销售员的推荐和介绍。基于客户这样的心理，销售员不要自己“唱独角戏”，而要把表现的机会留给客户，尤其是当客户发表意见、表述自己见解的时候，一定要扮演好一个倾听者的角色。而且最重要的是不可试图改变客户的意愿，这样反而会惹得客户不悦，从而给销售带来阻碍。

销售精英小贴士

对待专断型客户，销售员需要适当地把自己放在一个倾听者和服从者的位置上来，把表现的机会留给客户，这样才能及时地捕捉客户的心理需求，从而有效地满足其购买的愿望。

对精明型客户要诚实无欺

销售箴言

精明型的客户自我保护意识都很强，对于欺瞒哄骗的行为非常敏感和抵触。

精明型的客户知识水平高，做事情头脑冷静、理智沉着。这一类型的客户在选购产品时比较苛刻，因为在他们的内心深处害怕吃亏上当，对销售员有很强的防范之心。一旦销售员出现什么差错，会直接影响他们的购买决定。精明型的客户对产品质量的要求比较高，因为害怕上当受骗，所以他们会仔细观察销售员的一举一动，谨防销售员弄虚作假。此类客户最讨厌销售员弄虚作假，因此销售员在介绍产品时最好实事求是，不要夸大产品的性能，更不要说一些不切实际的话。对待这类客户诚实守信尤为重要。

情境再现

丹丹是某保险公司的销售员。一天她为了完成销售任务，登门拜访自己的准客户赵先生。赵先生虽然接待了她，可是在交流沟通的过程中，他全程表情严肃，态度不冷不淡。当丹丹在向赵先生介绍保险产品时，赵先生摆出一副思考状，很明显他在打着自己的小算盘。丹丹觉得赵先生一定是个精明的人，他这是在考察自己，也在思考着自己的产品，避免上当受骗。

于是，丹丹有意识地把保障权益着重强调了一遍，她一边说一边观察赵先生的反应，结果看到赵先生在慢慢地点头。很显然，产品初步获得了赵先生的肯定，但还是对销售员心存疑虑，从他屏气凝神、若有所思的神态当中就可以看出其正在努力地找出其中的破绽。丹丹看到这里，心中便有数了。

在接下来的推销过程当中，丹丹主要以事实说话。为了增加产品的可信度，她拿出一大堆和其他客户合作的资料。这时赵先生才表现出对该产品的兴趣，说话也多了起来。

最后丹丹结合赵先生的实际情况，帮他设计了一份具体的保险方案。赵先生被丹丹的热情真诚及有力的证明所征服，最后答应购买这份保单。

情境分析

精明型的客户防备心都比较重。案例中的赵先生很显然是一个精明型的客户，他的精明主要表现在三点：第一，看到销售员表情严肃冷漠；第二，介绍产品时，他若有所思，考虑销售员可信与否；第三，首肯产品之后，依然想方设法寻找其中的破绽。对待此类精明型的客户，销售员丹丹知道弄虚作假、自吹自擂肯定难逃客户的法眼，而实事求是、坦诚相待反而能赢得客户的信赖。果然在一系列强有力的论证之后，赵先生愉快地做出了购买的决定。

销售心经

精明型的客户做事认真谨慎，具有很强的分析能力和观察能力，不会轻易地相信销售员。销售员遇到这种客户，要懂得把握客户的内心需求，谈话的内容必须保证诚实无欺，这样才能给予他们一定的安全感。

1. 主动说出产品存在的问题

曾经看过这样一句话：笨人才耍心眼儿，聪明人只需厚道。有的时候我们不得不承认诚实才是一柄利器，持着这柄利器，就会所向披靡。在精明型的客户面前，销售员就要秉着诚实无欺的原则，耍心眼未必能逃得过这类客户的法眼。所以，销售员不妨诚实地告知客户自己产品的缺陷，这样反而会让客户觉得你这个人诚实守信，值得信赖。如果一味地夸耀产品的优势，在精明型的客户心中，产品不仅无法得到美化，反而会引起更多的疑虑。

为了避免产生这种疑虑，销售员在推销时一定不能对产品的缺陷有所隐瞒。而且在“坦白从宽”的过程中，态度一定要认真，让客户觉得你诚意十足、无任何欺骗的成分。这样即便是产品有瑕疵，客户往往也是可以接受的。

2. 实话巧说，掌握一定的技巧

有的销售员担心一旦泄露了产品存在的问题，精明型的客户会拒绝购买。其实以他们的聪明才智，肯定知道没有十全十美的产品。就算是销售员不主动说出其中的缺陷，客户对产品也有一个大概的判断和认知。其实我们这里说的产品的弱点是指在有质量保证的前提下，与同类产品相比处于劣势的地方。

销售员最需要提醒客户的是，这些弱点有的是为了突出优点而不可避免的。比如：我们的产品之所以耗电量大，是因为我们为了保障产品的大功率，保证在紧急的情况下，我们的产品一样能正常工作。如此有技巧的回答，相信精明的客户一定能衡量出产品的优劣。

销售精英小贴士

在推销过程中，每个销售员可能都会遇到精明强干型的客户。此时，无论自己所推销的产品是否存在缺陷，最重要的一点就是不可有任何欺瞒行为，在实事求是的基础上，还要懂得欲扬先抑的推销技巧，争取客户的购买权。

对犹豫型客户要适当“逼迫”

销售箴言

迟疑观望、优柔寡断是一些客户的常见心理。对此，销售员需要给他一个向前的推力。

销售员在向客户推销产品的时候，总会遇到各种不同类型的客户。其中有一类客户就是犹豫不决型客户，这类人遇事不决，天性优柔寡断，碰到特殊情况，当断不断举棋不定。从表面上看，他们态度从容，比较好接近，但是真正打交道的时候才会发现，其实他们的言谈举止比较迟钝，决策力不强。此外，优柔寡断的人，很多时候是一个考虑细致的人。正面、负面、大问题、小矛盾总要在心中反复权衡，但最终还是下不了决心。

这类客户在购买产品时，往往会拿起两三个同样的物品做比较。如果有同行的人还会和他们一再商量，结果仍不能断定究竟选择哪个产品好。

总之，这种客户在购物时考虑周到，购买决策过程也比较慢，比较敏感，对购买过程观察入微，购物行为拘谨、拖泥带水、谋而不断，一方面主观能动性弱，另一方面对销售员所推荐的产品缺乏信任或兴趣，从而表现出敏感型的消费行为，即购物决策和购物时间比较长。

对待这样的客户，一方面，销售员首先需要打消他们内心的疑虑，增强他们对产品的信任感。另一方面，销售员需要采用适当的“逼迫”促使他们下决心购买。

情境再现

汤姆·霍普金斯是一位善于运用“逼迫”法推销楼房的高手。有一天，他向玛丽推销了一套二手房。玛丽听了霍普金斯的介绍，觉得房子的地段还很符合自己的要求，但就是42万美元的报价让她有点接受不了。

经过一番讨价还价，双方终于以40万美元达成口头协议。玛丽觉得这个价格还是有利可图的，所以当场交了5 000美元意向金，准备第二天早上和家人再去看看房子，然后做最终决定。

为了早点拿到订单，霍普金斯在当天傍晚6点时就给玛丽打电话，催促玛丽过来签合同。他对玛丽说："快来公司签合同吧，我们的下班时间快到了！房主已经安排好行程，从明天开始出差，一走就是半个月，所以今晚上是最后的机会了。如果您真有意买房的话，就得抓紧了，不然我们就通知其他客户了。"

玛丽本来也有意向买下这套房子，听了霍普金斯这番话，更是坐不住了，便迅速地赶到房产中介公司。

等玛丽到达公司后，霍普金斯首先让她看了一下那套房子的文书材料，然后又跟她说房东有事儿着急回家了，等她签好合同后，再由专人负责把合同送到房主家让房主签字。

听完霍普金斯的解释，玛丽觉得很不安心。她坚持让房东先签字，然后等她明天和家人一起看了房子后，再签字确认。

霍普金斯紧接着说："还有很多人对这套房子有购买的意向，如果您真打算这么做的话，那我们就只能通知其他客户了……其实这样在合同上签个字也没什么，再说好房不等人……"

玛丽思索了一会儿，觉得霍普金斯说的话也不是没有道理。于是就按照他的要求在购房合同上签了字。

情境分析

从上述案例中我们可以看到，玛丽不是一个办事果断的客户，尽管她觉得 40 万美元的房价还算实惠，但是她仍然没有做出立刻签字的决定。为了使客户快速签单，销售员霍普金斯决定先发制人，采用"逼迫"推销法，一步一步地与客户达成成交协议。

销售心经

“逼迫”是一种常见的营销技能，尤其是对于犹豫型客户最为有效。不过销售员在运用这种方法时，一定要把握适度原则，这样才能使得推销朝着好的方向发展。一旦运用不当，那么客户就会觉得你是在威胁他，从而产生逆反和厌恶的心理，最终导致交易失败。因此，销售员在运用“逼迫”推销法时，不仅要真诚地倾听客户的想法，而且还要密切关注客户的表情变化，一旦客户的脸“由晴转阴”，一定要及时调整自己的推销方法。

以下是“逼迫”推销法的几个注意要点：

（1）不要只强调自己的销售目标，更要重点关注客户内心的顾虑。

（2）在了解客户拒绝的原因时，不要直接用“为什么……”等词语，柔性的提问更容易让客户接受。

（3）注意措辞的黏合性，通过委婉、亲切的语言才能缩短双方的距离感。例如，把“我”换成“咱们”，少用“我能”“我会”等词语，多用“我们可以”“您认为”等。

（4）注意“逼迫”的眼神，不要直视对方，这样客户会有种受审的感觉。而销售员表现出来的亲和力和谦虚感更容易让客户淡化你“逼迫”的意味。

（5）“逼迫”并不意味着不尊重别人，所以销售员不要轻易打断客户的话。

（6）客户的坐姿、站姿、手势等肢体语言的变化不可忽视。

销售精英小贴士

采用“逼迫”方式促使犹豫型客户签单不失为一种有效的推销方法。但是“逼迫”当心过犹不及，只有把握好尺度，才能起到良好的推销效果。

对分析型客户要关注细节

销售箴言

分析型客户就像财会人员，做事喜欢分析，追求产品的准确度和真实度。

在我们生活的周围有这样一类人：他们讲话语速慢、音量小、音调变化也不大，遇到事情从来不会主动发表自己的看法，解决问题总是通过大量的事实、数据作为其思考、判断的依据。这是分析型客户最主要的行为特征。

这类分析型客户非常注重产品的细节问题，逻辑性很强，对于杂乱无章、语无伦次的产品介绍最为反感。他们在购买产品时，通常要经过仔细的比对和认真的分析才能做出购买的决定。因此，销售员面对这样性格特点的客户一定要注重产品的细节介绍。

情境再现

张晋是一名防盗门销售员。有一天，他打电话约见一位客户，将见面的时间定在10:00左右，谁知客户听后，语气很是不悦，并且严肃地要求张晋在10:10准时到达，来的时候带上详细的资料。从电话当中可以听出客户是一个办事严谨、不好应付的人，于是张晋出发前做了充分的准备。

按照约定的时间，张晋见到了这位客户。他满脸严肃、不苟言笑，张晋本想活跃一下气氛，跟他开个玩笑，但是看到他的“冰霜脸”，很快就放弃了这样的想法。根据自己多年的销售经验，张晋初步判断这是一个办事认真、条理分明的分析型客户。于是他在推销时有意地将产品介绍具体化，碰到客户的疑问，他也有条不紊地逐一详细作答。此外，他还准备了一个小本，专门记录客户的不满之处。客户看到张晋一边认真倾听自己的讲话，一边细心地做着笔记，客户脸上露出了欣慰的笑容。

在交流沟通过程中，客户对产品数据流露出浓厚的兴趣。张晋赶紧给他提供了一份产品的调查报告，使得客户清晰地看到产品的具体销量。在一系列的考察之后，客户终于表达了对产品的认可。到了价格谈判的阶段，张晋知道客户善于分析，对数字敏感，于是精确说出了产品的价格，并且告诉客户这是优惠后的价格。客户沉思片刻，觉得价格还比较合理，最终做出了购买的决定。

情境分析

分析型客户对时间有严格的要求，他们的脑海中没有模糊的概念。所以，案例中的客户对于销售员张晋的约见时间非常不满。在逐步摸清了客户的性格特征后，张晋有针对性地调整了自己的营销策略。详细的介绍、认真的记录、精确的数据迎合了分析型客户的心理需求，最终顺利地促成了这笔交易。

销售心经

相对于那些看见就买，拿起就走的爽快型客户，分析型客户显得有点犹豫不决。他们购买产品之前一定要经过充分的比对，大量的挑选，确定没有任何问题之后才能做出购买决定。这类客户疑心重、爱挑剔，因此销售难度比较大。

对待分析型客户，销售员也要学会分析。仔细分析客户的种种表现，深入了解其购买的心理，从而采取有效的应对策略。此外，与客户交谈时，销售员要注意讲话的条理性，语速也不能太快，吐字要清晰，以便他们做出详细的分析。介绍产品时要详细认真，客户喜欢注重一些细枝末节，然后从这些细枝末节中获取有效的信息，继而进行分析判断。如果销售员害怕麻烦，不对产品做一个详细的阐述，客户就无从考证产品质量的好坏，更加不会选购产品。

销售精英小贴士

对待分析型客户，销售员需要从细节处着手，为其营造一个有条不紊、井然有序的谈判氛围，只有这样才能有效满足客户的分析心理，从而为成交打好基础。

对墨守成规型客户要强调实用

销售箴言

墨守成规型客户因循守旧、“从一而终”，物美价廉才是他们理想的购物模式。

在消费过程中，有些客户对时尚流行、创意十足的产品青睐有加；而有些客户则注重产品的实用型，不在意其款式是否新颖，是否受到人们的追捧，只要产品具有实用价值即可。

一般而言，后者的思想比较保守，做事墨守成规，讲究条理，常常习惯于自己以往的生活习惯和生活方式，不愿意轻易改变。此类人性格沉稳，不易接受新事物，在生活中中规中矩，喜欢用自己预设的一些条条框框来规范自己的行为，他们做事往往表现得很细心、很沉稳，善于倾听，更善于分析，眼光比较挑剔。

在购买产品时，墨守成规型客户最看重的就是产品的质量、安全及价格。在做出购买决定前，他们会对产品做出理智的分析和判断，如果该产品不具备耐用性他们是不会购买的，那些看起来花里胡哨、中看不中用的产品很难勾起他们购买的欲望。因此，销售员在推荐产品时，要着重强调产品的实用性。

情境再现

方女士是一位性格沉稳、思想守旧的女性。在生活中，她养成一套自己固有的生活习惯和行为模式。在购买家用物品时，她首先想到的就是这个产品是否实用，至于样式、颜色很少在她的考虑范围之内。

一次，方女士家来了一位推销洗发水的小姑娘。小姑娘一进家门就发现方女士家中的摆设的家具虽然样式老旧，但看起来质量很好，非常耐用。于是疑惑地问她说：“大姐，现在外面流行很多款式新颖的家具，您可以考虑换一些新的。”方女士笑了笑说：“那些东西‘金玉其外，败絮其中’，比不上我们家的这套家具，好多年了，特耐用。”听完方女士的话，小姑娘深以为然地点点头，并且表示她的消费观念非常值得提倡。方女士听了很开心，这时，小姑娘趁机把话题转移到洗发水上。在双方的交谈中，方女士表示自家的洗发水正好用完了，她正好也有购买的打算。

这个时候，小姑娘着重把自己推销的洗发水的成分、含量、功能、价位等强调了一遍。方女士通过对比，发现这个牌子的洗发水比较符合自己的要求，但仍然觉得自己一直购买的那个牌子的洗发水更加实用。小姑娘并没有反对她的看法，而是认同地表示老品牌的质量固然值得信赖，但是新产品却在功能方面又有了新的改进，它新添加了生姜提取物，有固发养发、滋养头皮的功效，实用程度一点儿也不比老品牌差。为了促使方女士相信洗发水的实用性，姑娘甚至还免费赠送方女士一瓶试用样品，并且还承诺如果不好用，免费退货。看着小姑娘诚意十足的眼神，方女士一口气买了三瓶。

情境分析

墨守成规型客户通常对自己之前使用过的东西情有独钟，不愿意轻易去改变自己。当销售员开门看到方女士家里的摆设时便准确判断出她的性格特点。因为懂得墨守成规型客户重视产品的使用价值，所以销售员在推销产品时着重介绍了其含量、功能、价位等，这样更容易赢得客户的认可。为了证明产品的实用性，销售员同意客户试用，甚至还做出不满意包退的承诺，最终成功说服客户做出购买决定。

销售心经

一般而言，墨守成规型的客户往往被一些先入为主的概念所左右，所以接受新产品的速度慢于常人。并且他们在挑选产品时很认真、很细心，能对产品做出理智的分析和判断，只有当他们觉得实惠、安全时才会购买。

所以面对这样类型的客户，销售员必须拿出足够的耐心，急于求成反而会让客户产生怀疑，使其本身固守的心理更加强烈，最终无法实现销售。

1. 拿同类型的商品做对比

在消费观念上，墨守成规的客户往往喜欢在同一家商店购买产品，认准一个牌子的产品就会一直使用。所以要想让他们接受一些新产品是比较困难的事情，但他们毕竟追求的是安全、实用。销售员不妨拿这个作为突破口，拿同类型的商品与自己所推销的产品做一个对比，让客户在对比中发现新产品所独有的优势，这样说服力会更强一些。

2. 保证产品的质量和良好的售后服务

墨守成规的客户虽然比较守旧，说服的难度有点大，但是只要销售员能够给客户分析出其中的利弊得失，并能够保证产品的质量及良好的售后服务，相信还是可以建立起他们购买的信心的。不过最重要的一点就是，销售员千万不能弄虚作假，否则客户一旦发现你的产品质量不过关，就会永久地“封杀”你所推销的任何产品。

3. 对客户循循善诱，耐心以待

一般而言，这类客户的旧有观念在头脑里根深蒂固，因此改变并不是一件容易的事情。销售员在与他们打交道时，一定要有耐心，急于求成是解决不了问题的。只有循序渐进，一步一步地让客户相信你的产品是最实用的，他们才会接受你成交的请求。

销售精英小贴士

对待墨守成规型客户，销售员首先要有足够的耐心，其次还可以通过同类对比法凸显自己产品的优势，最后还需要向客户郑重保证产品的质量。通过这三个方法可以有效地实现产品的交易。

实　战　篇

第四章

从客户微行为中探知客户的心理

很多时候，人可以用语言之外的其他形式来表达某种情绪和态度。比如言谈、走姿、坐姿、眉毛……客户的这些微行为是其真情实感的外在表露。销售员要善于发现这些有价值的信息，进而将这些信息作为销售的导向，这样才能有效满足客户的内心，为销售增加成功的砝码。

客户的微行为是最真实的心理语言

销售箴言

微行动是客户内心的真实写照，是映照其内心活动的一面镜子。

俗话说："窥一斑而见全豹，观滴水可知沧海。"的确，在某些状态下做出的姿势和动作可以泄露出施动者本人当时的情感和想法。比如，人打呵欠暗示着犯困，肚子咕咕直叫预示着饥饿。其实见微知著同样可以运用到销售行业。销售员如果真想了解客户内心真实的情感和想法，可以通过观察客户的微行为加以推断。这也正应了佛家所说的"一花一世界，一叶一菩提"的深邃哲理。

情境再现

一天中午，销售员李磊受公司经理的指派去拜访一位客户。来到客户公司后，客户给李磊让了一个座，然后自己挑了一个距离李磊较远的地方落座。见此情景，李磊立马就明白客户根本无意于自己推销的产品。如果此时自己强行向客户介绍，只会让客户觉得烦躁和反感。

这时，李磊看到客户的办公桌上放着一本翻了一半的《平凡的世界》，心里暗暗有了对策。

于是，他微笑着问客户：“王经理你也喜欢路遥啊？我也是他忠实的读者。”客户一听李磊这样说，立刻兴趣盎然地说：“对啊，路遥是一个具有浪漫主义诗人情怀的写实主义作家。看他写的东西总能找到我当初奋斗的影子，读后也备受鼓舞。”

靠着路遥这个话题，李磊和客户之间的距离感渐渐消除，客户也重新在靠近李磊的一个位子上坐下，对着他畅谈自己对人生的感悟。最后，双方顺利地达成了交易。

情境分析

案例中李磊之所以能够成功完成销售任务，是因为他懂得通过微行为探知客户内心的想法，能够从客户挑选座位的这一个细节中看出其对销售的好恶，从而巧妙地避其锋芒，投其所好，最终取得成功。

销售心经

能否读懂微行为对于销售成败至关重要。销售员如何才能正确解读客户的身体语言呢？关键就在于能“听其言，观其行”，即认真倾听一个人说话，并仔细观察他说话时流露出来的神色、举止，同时结合当时的语言环境，就能由此及彼、由表及里、去伪存真，推断出客户内心真实的心理活动。

通常而言，客户不同的身体语言表示不同的意思。

（1）心情愉悦：咧嘴而笑；摊开掌心；双眼平视。

（2）有合作意向：交谈时，身体微微前倾，只坐椅子的一个小角；全身放松、双手打开；解开外套纽扣；手托着脸。

（3）信心十足：下巴扬起；坐时上半身前倾；昂首挺胸、双手靠背；手放在口袋时露出大拇指；说话滔滔不绝，举手投足之间很有感染力。

（4）内心紧张：神态局促、坐立不安；以手掩口；摸鼻子；挠头发；绞扭双手；不自觉地用双手捏衣角。

（5）缺乏安全感：双臂交叉怀抱胸前；两个拇指交互绕动；神色呈现焦虑之态。

（6）对产品感兴趣：微笑；认真倾听；若有所思；重复观看触摸；询问产品的价格。

（7）对销售员有防备：双臂交叉于胸前；偷瞄、侧视；表情冷漠；紧缩下巴；说话时小心翼翼；双手紧握；拉开双方之间的距离；握拳做手势；抚摸后颈；坐在椅子上重心向后。

销售精英小贴士

销售员要想掌控客户的内心，需要懂得察言观色，从客户的微行为入手加以推断。这样才能真正了解其内心真实的情感和想法，不至于“倒行逆施”，做出一些不利于推销的事情来。

客户的服饰透露出对方的性格和购买能力

销售箴言

“穿衣戴帽，各有所好。”个性不同，穿着搭配也不一样。客户的服饰是其本质和个性的外在体现。

心理学家称，服饰是人们思想的外在流露。人们的性格不同，其穿衣风格也不尽相同。销售员要想了解客户，可以通过服饰对其性格特征进行判断。只要留心观察，从风格迥异的服装搭配中是可以了解到客户的心理状况和审美特色的，进而把握其性格特征。

其实，服饰不仅能反映客户的性格特征，很多时候也能体现出一个人的购买能力。有钱的穿衣高档奢华，没钱的穿衣低调朴素。客户衣服的品牌和质地可以反映其真实的购买能力。所以，销售员要想更多地了解客户，不妨从客户的服饰着手研究，继而探知其性格特征和购买能力，然后巧妙地攻破客户的心理防线，促成签单。

情境再现

小黄是某保险公司的一名优秀员工。由于其推销技能突出、经验丰富、待人真诚，因此深受客户的信任。前不久，在一位老客户的介绍下，他又认识了一位新客户刘浩。经过简单的电话交谈，小黄和刘浩约好了见面的时间和地点。

见面寒暄之后，小黄偷偷地打量了刘浩一番。只见他四十来岁的样子，但仍然穿着一身颜色艳丽、款式考究的休闲服。小黄从刘浩的这身穿着打扮可以看出他是一个追求个性、性格奔放，喜欢表现自己且物质条件充裕的主儿。于是，脑海中慢慢有了破敌之策。他一边微笑，一边赞叹道："您的上衣很好看，穿着好有型啊，这得花不少的钱吧？"这一句话引得刘浩笑逐颜开，他热情地和小黄攀谈起来。此时小黄并没有立即开始推销自己的产品，而是继续用可心的话恭维刘浩。

小黄：“刘大哥，瞧您这气质，一定是一位精明能干的成功人士！”性格豪爽的刘浩听后一脸的骄傲和自豪，将自己当年艰苦创业的难忘岁月一五一十地讲了出来。小黄一边认真倾听，一边称赞叫好，最后才将话题引到推销的保险产品上来。由于二人聊得非常投缘，刘浩想都没想就答应了小黄的购买请求。

情境分析

案例中，经验丰富的销售员小黄通过客户颜色艳丽、款式考究的穿衣风格判断其是一位性格外向、喜欢自我表现的有钱客户。于是他抓住客户的性格特点，采用了赞美恭维的营销策略，很好地满足了客户自我表现的欲望，最后成功赢得客户的信任和肯定，推销产品也便成了水到渠成的事儿。

销售心经

服饰是一个人的名片。通过服饰可以看出其经济水平、审美习惯、性格特点等。不管客户是自信的领导者，还是多变的时尚达人，抑或是仙风道骨的文人雅士，销售员都可以通过他们的穿着打扮来推测他们的性格特点，得知他们的购买能力，从而更加有针对性地推销自己的产品。

1. 色彩亮丽

那些在外表上修饰得宜，服装色调明亮，款式别致，绚丽夺目的客户，一般来说都比较自信，同时虚荣心也比较强，非常渴望得到别人的关注，表现欲极强，个性张扬任性，他们相信自己的判断力，不希望别人横加干扰，而且希望得到别人的赞美和欣赏。通常来说，这类客户的经济实力很强，并且对于自己喜欢的东西出手阔绰。遇到这样的客户，销售员一定要抓住机会，多加赞美，这样才能满足客户的心理需求，从而为实现销售创造可能。

2．名牌加身

有的客户为了树立形象，凸显社会地位，给人一种很高贵的感觉，于是钟情品牌服饰。这种客户的支配欲很强，注重大的方向，讲究策略。消费时坚持“爱我所爱，选我所选”的购物原则。这类客户经济实力不差，购买能力也强。当销售员遇到这类客户时，应该着重强调产品的品位性和独特性，同时还可以适当地说一些赞美的话，这样很容易获得客户对产品的认同。

3．款式保守

有的客户衣着主要以黑、白、灰三个色调为主，款式也比较老旧，这说明他们的思想比较保守，性格沉稳、内敛，喜欢遵循一定的模式，讲究产品的实用性，属于稳健理智的人。一般来说，这类客户不喜欢攀亲带故，主要靠事实说话，喜欢将风险降到最低，所以“阿谀奉承”的话用在他们身上没有任何意义。

他们的购买能力通常只能达到中产阶级的水平，因为他们在消费上，追求的是“稳健”，即便自身经济实力不俗，但是他们也不会把钱浪费在买一些奢侈品上。对于他们来说，产品的使用价值是其选择购买的主要理由。所以，遇到这样的客户，销售员一定要重点阐述产品的实用功能，突出产品的耐用性，从而打动他们的心。并且销售员还要注意，一些花里胡哨、外观张扬、个性另类的产品也不会获得这类客户的赏识，所以最好不要“以身试法”，以免引起客户的反感。

4. 穿着普通

还有很大一部分客户的穿着比较大众化，有一种随大流的感觉，个性特征不明显。这种人的思维比较简单，生活平淡，性情温和，应变能力较弱，他们的想法和意见很容易被动摇，属于友善迟疑不决型。这类客户即使有很强的购买力，也只会选择比较平民化的消费方式，不会刻意追求高档奢华的产品。遇到这一类型的客户时，销售员应该利用客户的从众心理，告诉他们产品受众人群很广，是很多人的共同选择，以便获得他们对产品的认同感，并最终购买。

销售精英小贴士

客户的服装可以透露其性格和购买能力。销售员要养成善于观察的销售习惯，从客户着装服饰当中判断其性格特点和购买能力，然后在产品介绍时巧用应对策略，有效满足客户的购物需求，从而为自己赢得更多的利益。

在言谈中找出“一家之主”

销售箴言

“一家之主”是一个家庭至高无上的权威，更是举足轻重的决策者，能否准确选择“一家之主”关系着交易的成败。

曾经网上有这样一则笑话：教堂按照殖民时期英国的风俗做了一次主

日礼拜。牧师穿着长袍和灯笼裤，教徒则按性别分开：男人在左边，女人在右边。到捐款时，牧师宣布要按过去的方式办，他要求“一家之主”上前来把钱放在供坛上。男人们立刻站了起来，有趣的是许多人跨过走道去向他们的妻子要钱。

从这则笑话当中，我们可以看到真正的“一家之主”对经济有绝对的掌控权。所以，要想让客户交出口袋里的钱，首先需要准确找到这个家庭或者组织的决策者。销售员只有把销售方向集中在对此最具购买决策权的“一家之主”身上，才能开展有效的销售活动。如果选错了推销对象，那么推销技能再高超也是枉然。那么销售员如何采用有效找到这个“一家之主”呢？言谈过程就是一个寻找目标的绝佳机会。

情境再现

一天某家电商场来了一对年轻夫妇，他们是为挑选空调而来。销售员小李接待了他们。

妻子：“这台空调耗电量有点大，有没有节能环保一点的？”

小李：“有的，二位请到这边看一看。”说着将两人带到另外一台低能耗空调面前，“这个是我们商场最低能耗的空调了。”

丈夫：“这个看起来是不错，但是要价比前面那台多出了好几百元呢！”

妻子：“老公，现在国家都提倡节能减排，咱们也应该积极响应啊，我觉得这台空调性价比挺高的，你认为呢？”

丈夫：“嗯，我听你的。”

小李：“先生，您的太太眼光独到、精明干练，娶上这样一位好太太，您真是有福气啊。”

妻子：“那咱们就买这台低能耗空调，好吗？”

丈夫：“好的。”

情境分析

从两人的言谈之中，销售员小李发现妻子拥有决策的主动权。小李觉得女主人才是家庭中的“一家之主”，因此小李把推销的重点放在她身上，而事实表明，小李的判断是正确的。小李通过观察客户的言谈举止，判断出这个家庭真正的决策者，并针对关键人物进行推荐和说服，最终顺利完成销售任务。

销售心经

俗话说：“办事要办在点子上。”在销售活动中，如果不能找出具有决策权的“一家之主”，那么即使自己的产品有多么的优质，也不会达到理想的销售效果。弄清真正的买主，才是销售成功的先决条件。因此，正确找到“一家之主”，是每一个销售员必须掌握的基本技能。

在销售活动中，有时会遇到声势浩大的“全家购物团”，这个时候，销售员最明智的做法就是寻找其中的决策者。“一家之主”同意了，自然就不会有其他反对的声音了。如果销售员还没弄明白谁是当家人，就盲目推销，必然会做很多的无用功。因此，销售员要善于从客户的言谈举止中，判断出谁是具有决策权的关键人物，只有这样才能起到事半功倍的效果。

而在寻找这个关键人物的过程中，销售员要懂得察言观色，观察参与者的言谈举止，从而得出自己的结论。一般而言，具有决策权的一方首先会表明自己的观点，提出自己的要求。而其他人都呈点头附和之态，或者不参与讨论发言。遇到这样的情况，则哪位说话最有分量便一目了然。

如果选择对了销售对象，销售员可以利用有限的时间和精力，去说服那些购买欲望强烈、购买力大、有决定权的目标客户。要知道逆风的航船是无法顺利抵达理想的彼岸。

销售精英小贴士

销售行业中有一句很经典的话：找到了顾客，销售就成功了一半。销售活动的成败关键掌握在“一家之主”手里。要想找出这个关键人物，销售员要认真倾听谈话的过程，准确找出这个说话最有力量的声音。

走路姿势泄露客户的心理

销售箴言

行走的姿势是一个人心理的外在表现，不同的走姿反映不同的心理状况。

走路对于我们来讲是一件再正常不过的事情了，但是有调查显示，每个人的走路姿势都不尽相同，而且走姿会反映其当时的心理状态。因此，销售员也要学会察人、识人，通过对客户走姿这一生活细节的具体表现，来分析他的性格和心理特征。只有读懂客户的心理，销售员才能找到销售的突破口。

情境再现

一位客户打算给自己的公司添置一些电脑设备，于是他到一家商场前来选购。销售员看到他昂首阔步地向柜台走来，赶紧迎了上去。

销售员："您好，您想买哪个牌子的电脑呢？"

客户："你们 ×× 牌子的电脑售价多少啊？"

销售员："您看这个型号的机子是 3 500 元，那边那个 ×× 型号的机子是 4 000 元……"

客户："怎么这么贵，×× 品牌的电脑比这个价格便宜得多啊！"

销售员从客户昂首阔步的走姿中判断出这是一个自我意识非常强的人，也只有语意明确、条理清晰的语言才能说服他。

于是，销售员接着他的话说："看来您事先也做过一些了解，您说得没错，而且据我了解，您说的那个牌子的质量也不错，我们之前也有卖过。但是，我觉得这个牌子的产品更适合您一些。首先这个牌子的电脑配置要比别的高很多，非常符合您所从事的这个行业。而且 ×× 型号的机子质量也好，使用寿命也较一般的长，每年还可以为贵公司节省大量的维修费用。所以，您选择我们这一款才更划算。"

客户："你说的确实有道理。那我就选它了。"

情境分析

一个人的心理习惯，往往会渗透在他的一些生活细节中。案例中的客户走路昂首阔步，丝毫没有低头弓腰之态，因此销售员初步判断其为思维敏捷，且很有主见的客户。对待这类客户，说话言简意赅、条理清晰才能赢得他们的好感。于是销售员用自信而肯定的语气告诉客户他不适合那个价格便宜的牌子，然后又简明扼要、有条不紊地阐述了推荐该品牌的理由，最终成功说服客户做出了购买的决定。

销售心经

一个人的行为方式在一定程度上反映着他的性格特征，而一个人的走路姿势则是体现其性格特征的重要方面。有的人走路低头哈腰，有气无力；而有的人走路昂首阔步，自信十足；有的人走路步履匆匆，心急火燎；而有的人走路则步调迟缓，不急不躁。如果销售员能够通过客户的这些姿势，了解到客户的性格和心情，就能够做好心理准备和应对策略，不至于盲目推销而降低销售的效率。

人走路的姿势反映了其当时的心情状态及性格特点，所以销售员只要根据客户走路的姿势推断他的性格和心情，然后“对症下药”，投其所好，那么成功销售的可能性会很大。客户走路的姿势大致也可分为以下几种，只要销售员把握好这几种主要的走路姿势，就可以让自己的销售事半功倍。

1. 昂首阔步型

有的客户在走路时抬头挺胸，昂首阔步，这是最健康的走路姿势。这样的人一看就充满自信，主观意识比较强烈，思维敏捷，办事果断。其不足之处就在于狂傲自负，目中无人。面对这样的客户，销售员应该以不卑不亢的姿态，用语言明确、条理清晰的销售话术获取客户的认可。

2. 步履匆匆型

有的客户走路总是大步流星，急如星火，这样的客户行动力比较强。他们精力旺盛，办事利落，从不拖泥带水，但有时因为急躁而显得草率，办事甚至于漏洞百出。销售员在应对这样的客户时，要懂得换位思考，在客户容易出现纰漏的地方做出善意的提醒，这样很容易赢得他们的好感。

3．横冲直撞型

有的客户在走路时，只顾自己横冲直撞，不懂得为他人着想。因此，这样的客户会让人感觉有些不近人情，也容易得罪人。但他们的可取之处就在于性格直率，毫无城府，讲话不拐弯抹角，更不会耍心机。与这样的客户交流，销售员一定要坦诚相待，不可有任何欺瞒哄骗的行为。

销售精英小贴士

人的心理走向可以通过其走路姿势泄露出来。因此，销售员可以通过客户脚步的轻重缓急来做出判断，不同的走姿有不同的性格取向，销售员需要灵活调整自己的应对策略。

从坐姿透视客户的心理

销售箴言

客户的坐姿蕴含玄机，观察客户坐姿是销售员窥探其内心世界的一个便捷方式。

古人云：站有站相，坐有坐相。意思是指一个人的坐姿也能在很大程度上反映出他的性格特征和素质修养。人不经意间的一个坐姿就可能“出卖”了自己，它可以传递出很多有用的信息，而这些信息可以成为销售员推测判断的一个重要依据。如果销售员能在销售过程中通过客户的坐姿准确地把握其性格特征和内心秘密，然后有针对性地给予回应，就能及时地满足客户的内心需求，有效率地完成销售任务。

情境再现

一天早上，一位老太太提着篮子来到一家水果专卖店，问："你们这儿有没有李子？"

此时店里堆满了顾客，店主应接不暇，于是笑着对老人说："大娘，您先坐那里等一会儿，我一会儿专门招待您，好吗？"

老太太看着店主态度还不错，就答应等一会儿，并找了把椅子，自己坐了下来，把篮子放在一边。老太太的样子有点拘谨，只见她双腿并拢，双手夹在两腿中间，店主一看便知道她性格内向，应变能力不强，但亲和力十足，非常好相处，只要用真诚和热情的态度对待，她一定能深受感动，继而做出购买的行为。

等店主送完其他顾客后，马上迎上前说："大娘，您要买李子啊？"

老太太："嗯。"

店主："我这里是水果专卖店，各种品种的李子都有，您想要什么口味的？酸的还是甜的？"

老太太："给我来一斤酸李子吧。"

为了缩短双方的距离感，店主便在给老太太称李子时故作奇怪地问："一般人来我店里都要甜的，大娘您为什么要买酸的呢？"

老太太："哦，最近我女儿怀宝宝了，想吃点酸的东西。"

店主："哎呀！酸儿辣女，等十个月后您一定能抱上一个大胖小子！您女儿有这样好的妈妈一定非常幸福！”

听到店主的赞美，老太太高兴得眉飞色舞，她觉得店主是真诚地在和自己交谈，于是老太太一下子变得健谈了很多，也不再拘谨了。

老太太：“天下哪有父母不疼爱自己孩子的呀？怀孕期间最要紧的当然是吃好。胃口好，营养好，大人和孩子才会都健康啊！”

店主：“是啊，对于准妈妈来说孕期营养非常重要，不仅要多补充一些高蛋白，还要多吃一些维生素丰富的水果，这样才不会影响宝宝的正常发育！”

老太太：“是啊！那你知道什么水果含的维生素更丰富一些吗？”

店主：“我曾经听医生说，猕猴桃含有丰富的碳水化合物、维生素和微量元素，尤其是维生素C、维生素A和叶酸的含量较高。”

老太太：“真的吗？那你这儿有猕猴桃吗？”

店主笑呵呵地说：“有啊，您看我这进口的猕猴桃个儿大、汁儿多、含维生素多，要不您先给您女儿买一斤让她尝尝！”

这样，老太太不仅买了一斤李子，还买了两斤进口的猕猴桃。而且从此以后，老太太成了这家店里的常客，隔三岔五就买几斤回去。

情境分析

从一个人的言行可以看出他的性格特点和内心世界。案例中的客户正襟危坐，样子略微拘束，由此可见这位客户有点内向，比较慢热，如果销售员能够真诚热情地与之交谈，一定能够打开她的心扉，交易也会变得简单很多。上述水果店的店主深谙此道，用良好的服务态度，真诚的赞美拉近了自己与客户之间的距离，客户与之相处也比较舒服，渐渐成了这家店的老客户。

销售心经

销售员在与客户的交谈中，坐姿是洞察其内心活动的一个重要来源。因此，碰到客户坐在那里，一定不要放过这个“侦查”的机会，客户怎么坐，坐的时候腿的姿态又是什么样的，只要销售员认真观察，就能从这些细枝末节中挖掘出有价值的信息。

不同的坐姿反映客户不同的心理。下面是几种常见的坐姿反映出的心理活动，大家了解一下。

1．把腿放在椅子扶手上

在双方交流沟通的过程中，如果客户把腿放在了椅子的扶手上，那么销售人员要提高警惕了。因为这种姿势代表着一种漠不关心，甚至还带有挑衅的味道，这无疑给销售增加了难度。面对这种情况，销售员要做的不是口若悬河地推销产品，而是设法让客户改变这样的坐姿，转变客户漠不关心的态度。这里有一个有效改变客户坐姿的方法：拿一些资料给他，让他往跟前凑一凑，这样他就不得不把腿从椅子的扶手上拿下来了。

2．起跑式坐姿

起跑式坐姿是指把双手轻松地放在双腿上，身体前倾，脚尖微翘，做出一副即将离开的动作。这种坐姿的客户就像准备赛跑的运动员一样，传达出一种想要逃离谈判的意愿。此时，他很有可能对你的谈话内容不感兴趣，或者产生失望、厌恶、愤怒的情绪。因此，销售员要重新诱导他对产品产生兴趣，或者暂时转移话题，以缓解其负面的情绪，如果其面部表情过于烦躁或者冷漠，也可以考虑终止谈话。

3．军人式坐姿

军人式坐姿就是坐得端正，抬头挺胸、腰背挺直、四平八稳、泰然自若，俨然一位军人。客户如果有这样端坐的习惯，表明他为人正直、刚正不阿。

他们做事时，喜欢直来直去，踏实稳重。销售员遇到这种坐姿的客户，最好不要施展小聪明，客户更喜欢听一些可信度较高的销售话术。

4．弹弓式坐姿

弹弓式坐姿是指双腿交叉，双手放在后脑勺上，形似阿拉伯数字“4”。一般来说，这类坐姿的客户冷酷、自信、无所不知。一些领导级别的人钟爱这种姿势，他们用这种坐姿来彰显自己的强势，故意给下属施压，或者故意营造一种轻松的假象。钟情于这种坐姿的人，往往充满自信，优越感十足。

在与客户商谈时，如果客户采取了这样的坐姿，多少带一些挑衅的意味，并且他们有掌控局面的欲望。一般来说，他们放在脑后的双手暗示道：我很自在随意，我想怎么样就怎么样，我才不会上你的当。其实他们用这样故作轻松的姿势只是想麻痹销售员的感官，挫一下对方的锐气，从而真正掌握谈话的主动权。

那么如何应对这类客户呢？销售员可以根据不同的场景，采取不同的策略。不管怎么样，一定要浇灭他们的“嚣张气焰”。面对客户的挑衅，销售员不妨模仿他们的动作，与之形成对等的地位，或者销售员还可以身体前倾，摊开手掌，很坦然地对他说道：“我知道你对我的话有不同的意见，但你能和我分享一下你的想法吗？”话语完毕，靠在椅背上静待佳音即可。一般来说，这两种应对方法都比较有效，客户对你的态度会有所改观的。

销售精英小贴士

坐姿的种类还有很多种，任何一种坐姿都有与之相对应的性格特征和心理活动。作为销售员，在产品介绍的过程中，一定要认真观察客户的各种坐姿，从而从这些细节处透视客户的心理轨迹，从而以最快的速度赢得客户的赏识和信赖。

摸下巴表示客户在思考

销售箴言

不同的肢体语言代表着不同的意思，摸下巴则表示客户正在思考。

人的心理的外部表现渠道有很多，摸下巴就是其中之一。客户通过摸下巴可以传递出其内心的一些信息，所以销售员一定要扮演好“信息侦察兵”的角色，时刻注意客户的一举一动，并从细微之处，发现客户的心理变化，进而摸透客户的心理。在这里要提醒大家的是，摸下巴一般是正在认真思考或是想问题时才会有的动作。

情境再现

潇潇是个销售员，他负责的是家用水处理系统的推销。

在一个星期六的下午，他来到某小区的王先生家里推销产品。王先生热情地接待了他。一番寒暄问候之后，他们谈话的内容进入了正题。潇潇一边向王先生介绍产品，一边观察他的举动。只见王先生搬了把椅子坐下来，双腿交叉，一只胳膊肘抵在膝盖，同时用手托着下巴，手指不停地在下巴上摩擦，一副若有所思的样子。潇潇看得出来，王先生是一个精明的人，他正在考察自己，思考自己的产品是否实用。

于是，潇潇特意把产品说明中一些比较有特色的内容强调了一遍，并观察王先生的反应。结果看见王先生把抓摸下巴的手移到了嘴唇上。很显然，他对自己的产品还有一些犹豫，并不能痛下决心购买。看到这里，潇潇便知道下一步应该怎么做了。

他打开公文包，拿出一份关于产品的实验数据、销售状况、客户的评价等资料递给了王先生，而且还拿出很多关于产品质量的相关证明和获奖证书，以打消客户的疑虑。这时他发现王先生的手从头部快速移开，脸上露出了一丝满意的微笑，并且身体微微向前倾了一下。潇潇知道王先生这下对产品已经产生购买的兴趣了。于是他趁热打铁，结合王先生的实际情况，真诚地帮助他做了一些具体的分析，很快王先生就做出了购买的举动。

情境分析

客户摸下巴的动作在不经意间所传达出的信息，对于销售员来说至关重要。在销售员潇潇与客户王先生的这番较量中，很显然潇潇略胜一筹。因为他能够读懂王先生这些微动作的调整意味着什么，并且能够及时根据客户的变化选择合适的推销方式，最终成功转变了客户对产品的态度，成功地完成了销售任务。

销售心经

心理学家认为：人的“外在表现”是“内在自我”的延伸。通过一个人的外在表现，可以发现他内心深处的秘密。下面我们从摸下巴这个动作由表及里地解析一下客户的内心活动。

1．轻轻托着下巴：认真倾听的标志

在产品介绍的过程中，如果销售员看见客户身体前倾，而且双手或者单手托着下巴，眼神专心致志地盯着自己或产品，那么无疑这次销售是很成功的。因为客户轻轻托着下巴的姿势正是他们认真倾听的标志。如果销售员的经验累积到一定的程度就会发现，大部分认真倾听的客户都有用手托住下巴的习惯，好像他们正在一边倾听，一边思考你说的话。当然，如果客户对销售员的产品介绍不感兴趣的话，他是绝对不会做思考状。

一手托住下巴，眼神专注地看着说话者——这就是典型的思考问题的姿势，据此销售员可以判断客户内心的状态。为了防止客户在托下巴时进入游离状态，销售员在推销的过程中一定要注意一些方式方法。首先，销售话术一定要脉络清晰，有条理的介绍，这样更容易让客户听得引人入胜；其次，在推销的过程中，销售员可以插入适当的互动环节，这样客户就不会因为长时间依托下巴而出现昏昏欲睡的状态。

2．抓摸下巴：客户正在思考如何做决定

随着产品介绍的不断深入，销售员会发现客户托住下巴认真倾听的姿势会慢慢改变，他们常常会将一只手放在脸颊旁边或者下巴正下方，将大拇指和其他手指分开，然后抓捏住脸颊或者下巴，在倾听的过程中，他们的手会在下巴处来回蠕动。这个姿势告诉大家，客户此刻并不是用来倾听和思考的，他们更多的是在斟酌销售员说的话，随后根据自己的经验做出购买与否的决定。

当客户开始抓摸下巴，表示他在认真思考你的产品是否值得购买。那么你的产品是否会获得客户的青睐，接下来的细微肢体语言会告诉你他的选择。这时，销售员必须冷静、仔细地观察客户接下来的动作变化，从而准确判断他对你产品的态度。

（1）肯定的标志：双臂舒展，微微点头

如果客户在抓摸完下巴后，有舒展双臂，歪头思考，轻微点头，身体前倾等动作，则表明他对你所介绍的产品非常感兴趣。这时销售员应该再接再厉，一鼓作气，加速其购买的进程。

（2）否定的信号：皱眉，身体后倾

如果客户在倾听产品介绍的过程中有紧锁眉头思考的动作，而且放下双手将后背靠在座椅背上，那么他很有可能不太认同你所推销的产品。如果接下来客户在倾听过程中交叉双臂抱于胸前，那么基本可以断定客户并不认同销售员的说法。这时，销售员千万不要急于推进自己的销售进度，而是要给这些潜在的准客户发表反对意见的机会，在问题出现时及时解决问题，总好比客户一言不发，彻底对产品丧失信心要强。通过这个交流环节，销售员很有可能把这些准客户留住。

（3）迟疑手势：将手指放在嘴唇中间

如果客户将抓摸下巴的手放在嘴唇之间（一般这根手指是大拇指或食指），那么表示他还在迟疑，要不要购买产品他需要再考虑一段时间。这时，销售员应当积极调整自己的销售策略，以坚定其购买的决心。此外，眼神交流、关键细节的进一步解释等都可以减少客户的犹豫，加快其做出购买的决定。

（4）厌倦姿势：用大拇指支撑头部

当客户的手不在下巴上来回摩擦，而是用大拇指支撑着头部做休息状，眼神也变得没有焦点时，很明显他已经对销售员的产品介绍彻底失去兴趣，所以发出了厌倦的信号。此时大拇指成为头部的支撑，对方甚至不停地变换手来支撑自己的头部。此时，销售员千万不要自乱阵脚，适当地给自己的销售话术加入一些兴奋点，很有可能挽回这个已经开始厌倦、走神的听众。

销售精英小贴士

学会观察客户的身体语言是销售员成功营销的必备技能。通过客户抓摸下巴的各种情态，销售员可以判断出他对产品的好恶程度，继而适当调整好合适的销售策略。

眉毛中的客户心理

销售箴言

眉语即心语，“察眉”是洞悉客户内心世界最好的方式之一。

人的心理外部表现渠道有很多种，如手语、头语、眼语等体态语，这些无声的语言有时比有声语言更能打动人心。而“眉语”也是无声而有形的一种体态语。

人们经常说的“挤眉弄眼”“眉来眼去”“暗送秋波”等就是一种交流，一种暗示。同样客户的眉毛也可以向销售员传递出一些其内心的声音。因此，“察眉”是销售员在工作过程中必不可少的一种技能。从客户的眼神、眉语等具体的表情中可以窥探出其内心真实的活动，以及他们对产品的态度和看法。销售员如果能准确地把握这些信息，行动就少了一份盲目，推销就多了一份效率。

情境再现

有一位客户准备买一辆新车。可是，他一上午兜兜转转看了好多款式和颜色的新车，但仍然没找到一辆中意的，要么是价格太高，要么是性能不好，要么是款式不喜欢。他感到疲惫不堪，带着失落的心情在不知不觉中来到乔·吉拉德所在的汽车展区。乔·吉拉德见他眉头紧蹙，一脸不悦的模样，就猜到他在购买的过程中肯定不顺利。于是走过来热情地询问他是否需要买车，那位先生看了看，随便应付了一句。

尽管客户表现得有点不耐烦，乔·吉拉德还是安慰道："先生，您看着很疲惫，不如先过来坐一会儿，休息一下。买车最重要的就是选择自己喜欢而且价格合适的车。所以，等您休息好了，再买也不迟。"

乔·吉拉德这番话正好说到客户的心坎里。因此，他坐下来将自己买车的经历详叙了一遍。乔·吉拉德从他口中透露出的信息推断出了其理想的款式和价位。等那位客户休息好后，他便给那位客户介绍了一款同类型的车，但在价格上低了许多。

那位客户一看这款车，顿时眉飞色舞，但很快又皱起了眉头，神色略为担忧地问道："价格便宜了，是不是功能就没有那么好啊？"

乔·吉拉德注意到他眉毛的变化，知道他看中了自己推荐的这款车，但心中又有些顾虑，于是就赶紧做了合理的解释。最后，那位客户眉开眼笑地购买了那辆车。

情境分析

乔·吉拉德之所以能够成功推销出那辆车，就是因为他能从小处着眼，注意到那位客户的眉毛变化。首先他从紧锁的眉头中发现客户买车的糟糕心情，于是乔·吉拉德让客户休息片刻以平复情绪，为下一步的顺利交谈打好基础；等客户获得理想的推荐后，他的眉宇变化又真实地反映出了其对新车的态度。乔·吉拉德又通过“察眉”做出了合理的解释，打消了客户内心的顾虑，最终成功售出新车。

销售心经

察言观色是每一个销售员攻心说服客户的必备技能。聪明的销售员往往通过观察眉毛来了解他们内心发出的信号。不同的“眉语”表达着不同的人物情绪，我们常常见到的“眉语”的表现形式有以下几种。

1．扬眉

它表达的是一种高兴愉悦的心情，如“扬眉吐气”。具体状态是双眉扬起，略向外分开，眉间舒展，使眉间短而垂直的皱纹拉平，期间还伴随着前额紧缩，皱纹增生的现象。如果销售员推荐的产品迎合了客户的需求，那么客户就会有一种“踏破铁鞋无觅处”的欣喜，这种欣喜之情具体表现在脸上，就是眉开眼笑，眉毛上扬。而如果客户是一条眉毛上扬，一条眉毛下降，则表示他的心中有不解的地方，需要销售员进一步进行证明或者加以解释。

2．皱眉

双眉皱起，脸部上扬，眉间出现竖线皱纹，这表示不高兴、不耐烦，或者很为难。如果客户出现皱眉的动作，则表示他对销售员介绍的产品并不满意、不喜欢，或者不想听销售员的喋喋不休，对销售话术有一种排斥心理。

3．耸眉

眉毛上扬，停留一会儿又降下，同时伴有撇嘴的动作，这表示的是一种厌烦和不欢迎，有时也表示一种无奈。比如客户以前听过同类产品的负面报道，或者有过吃亏上当的经历，如果销售员恰好又去推销，客户一定会产生排斥的情绪，耸眉，露出不愉快的表情，并表示不愿意接受。对此，销售员需要保持理智的头脑，对客户的心理表示理解，然后通过强有力的说辞说服客户重新建立起对产品的信任。

4．闪眉

眉毛上扬，又立刻降下，像闪电一划而过，同时还伴着扬头和微笑的动作。眉毛闪动是客户惊喜的一种表现，表示眼前一亮，对销售员推荐的产品持一种认同和欢迎的态度。如果销售员碰到客户有这样细微的动作，则表明自己的销售工作会非常顺利。

销售精英小贴士

在销售过程中，“察眉”是销售员必不可少的“窥心”技能。通过“察眉”可以了解客户的心理变化，读懂客户对产品的真实感受，进而提高成交的可能性。

抽烟的动作显示出客户的心理

销售箴言

香烟是很多客户的口中爱物，更是销售员探知其内心秘密的一个重要途径。

在我们的生活中，抽烟虽然是一件司空见惯的小事情，但是它的背后却隐藏着很多深刻的东西。如果我们仔细观察，就会发现每个人的抽烟姿势各不相同。有些人吸烟得体优雅，重点体味烟的口感和味道；有些人每当紧张时就把烟叼在嘴上，借香烟来平复心情；有些人喜欢在抽烟的同时，手指做着动作，指指点点……

由此可见，吸烟并不是一件简单的事情。从心理学的角度来讲，吸烟反映出一个人的内心需要，我们能够从一个人吸烟的动作和拿烟的习惯来解读他的心理和性格。那些聪明细心、经验丰富的销售员就能够从那一缕缕的烟雾中找到销售的突破口，洞察出客户内心的秘密，然后针对客户的心理活动“对症下药”，最终促成双方的合作。

情境再现

班·费德雯，是一位享誉全球的保险推销大师。他的成功秘诀之一就是善于从烟雾中洞察出客户的性格特征。

班·费德雯初涉保险行业之时，一直成绩平平，与常人无异。然而，让大家意想不到的是，一个月后，他突然高歌猛进，销售业绩遥遥领先。大家对此都感到不可思议，纷纷跑来问他有什么推销秘诀。

班·费德雯对大家开玩笑说：“我有高人指点。”

大家一听，更加好奇了，都急忙问道：“你受何人指点？快告诉我们啊！”

过了一会儿，班·费德雯才故作神秘地说：“我可以从客户抽烟的动作推断出他的心理活动，然后针对他的内心需求来选择相应的推销策略。比如用O形拿烟法的人总是能说会道，计谋多端。所以，我们不能光听他说的话，更要理解其隐藏背后的深意，否则就很容易跳进他为你设的陷阱。

而那些握拳式吸烟法的客户则比较自卑，面对这一类客户，销售员说话需要小心翼翼，以免触碰他们敏感的神经。通常来说，这些经验不是百试百灵，但至少有80%的命中率。”

大家听后连连称奇：“没想到，从吸烟中能看出这么多东西来。”

情境分析

班·费德雯的成功不是偶然，促使他创下辉煌业绩的因素有很多，一个重要的原因就是他擅长从客户吸烟中观察出客户的心理。所以，作为一名销售员，大家一定要像班·费德雯那样善于察言观色。客户的一举一动，一言一行，一个微笑，一个眼神，吸烟和拿烟的习惯都可以让你获得有价值的信息，进而使推销工作朝着良性的方向发展。销售员千万不能忽视这些细节，只有减少销售的盲目性，才能提高销售的成功率。

销售心经

一般来说，客户的吸烟姿势各不相同，不同的吸烟姿势反映出不同的心理。

（一）从抽烟动作来判断客户心理

销售员应该如何从抽烟的动作来判断客户的心理呢？以下分析供大家参考：

1. 仰头向上吐烟

习惯这种抽烟姿势的客户很自信，他们常常给人以高人一等的感觉。此时，销售员要不卑不亢地面对这类客户，一味地卑躬屈膝、曲意逢迎是无法获得他们的好感的。

2．埋头向下吐烟

如果客户保持这样的抽烟姿势，说明他此时的情绪一定非常低沉，心里有很多疑虑，正在冥思苦想一些事情。面对这类客户，销售员一定不要急着催促客户做出决定，耐心等待方为上策。在等待的过程中，销售员可以提前设想客户会有哪些方面的选择，然后预备好相应的对策。

3．吸烟时，不断地磕烟灰

如果客户不断地磕烟灰，说明他碰到的事情比较棘手，很难处理，所以心里非常不安和矛盾。此时，销售员要设身处地地为这类客户着想，找出他内心不安和矛盾的根源，并积极寻找解决的办法。这样，他们一定会为你的真诚和热情所打动。

（二）从拿烟习惯判断客户心理

除了抽烟的姿势，拿烟的习惯也可以反映客户的心理活动。

1．O形拿烟法

O形拿烟法就是客户用大拇指和食指的指尖拿烟，两根手指形成一个“O”状的小圆圈，其他手指则非常优雅地伸展开来。这些客户往往说得很好听，可是成交率却并不高，并且他们心里正在为你设置一个陷阱，等着你跳下去。面对这些客户，销售员一定要心思缜密，不但要听他说的话，更要听出其中的话外之音，否则难以逃脱被捉弄的命运。

2．标枪式拿烟法

标枪式拿烟法就是把烟夹在拇指和食指的尖端，其他手指则缩向掌心，拿烟的手做投掷状。这些客户往往脾气暴躁，看起来不是很好相处。面对这些客户，销售员需要足智多谋，善于与之斗智斗勇，这样才不会被其提出的霸王条款所左右。

3．握拳式拿烟法

这些客户往往有过艰难困苦的经历，所以他们的节约意识很强。即便是功成名就，仍然有些许的自卑感在内心作祟。面对这些客户，销售员一定要小心谨慎，每说一句话、每做一个动作都要考虑他们的情绪，以免伤害到他们的自尊心，继而影响到自己的销售工作。

销售精英小贴士

人们习惯性的动作会透露出自己内心的秘密。销售员一定要养成察言观色的习惯，从抽烟的姿态和拿烟的习惯上，洞察对方的心理活动及性格特征，从而促成交易的成功。

从客户的酒品看出其人品

销售箴言

酒是人们交际场合交流的常备品，也是人际关系的催化剂。

酒是现代交际场合的常备品。结交朋友、走亲串友、红白喜事、晋升乔迁、生意场上等都离不开酒的影子。不同的人酒后会有不同的表现。人们常说，酒品看人品，意思无非是说，酒品好的人，一般人品也好；酒品差的人，一般人品也差。

用弗洛伊德的理论分析，酒精具有麻痹大脑的作用，所以当酩酊大醉之后，意识会失去控制。这时，人们在无意识的状态下，曾经隐藏于内心最深处的影像或者语言会不由自主地表达出来，醉酒者是不知道自己的所作所为，但其潜藏的意识却是最真实的，这也是“酒后吐真言”最合理的解释。

在和客户洽谈业务的时候，酒的作用也不可低估。它既能为双方的谈判营造良好的沟通氛围，又能加深彼此之间的感情，同时销售员还可以通过观察客户的酒后表现，推断出其性格特征和内心活动，进而为成功营销做好准备。

情境再现

小张是某房地产公司的一名销售员。他在与客户谈判时，非常善于从喝酒中来把握客户的性格。

有一次，小张约一位客户在酒店里谈生意。客户看着斯斯文文，稳重内敛，可是三杯两盏下肚之后，话明显多了起来，神情也出现恍惚，而且一脸的郁郁寡欢。从他散发酒气的嘴里滔滔不绝地讲起了工作和生活中的诸多不顺利的事情，越讲越伤感，最后竟然流出来两行清泪。看着眼前客户的种种表现，小张断定他是一个心思细腻、敏感内向的人。

于是在后面的推销工作中，小张说话谨慎了很多。向这位客户介绍房屋的时候，小张极尽所能地详细阐述了房屋的每一处小的细节，并且把每一个可能存在疑虑的地方都一一解释清楚，以迎合客户心思缜密的性格特点。果然听完小张的介绍，客户满意的微笑，之后的洽谈成交也一气呵成。

情境分析

小张之所以能够这么轻易地卖出去房子，就是因为他从客户的酒品当中发现其细腻内敛、敏感多疑的性格特点。了解了客户的性格之后，再对症下药。因此，成功交易也是情理之中的事。

销售心经

酒桌上看人生百态，酒后百态看人生。一位细心的销售员经过长期的观察，总结出了不同客户喝酒后的表现形态，以及应对方法。

1．酒后酣睡型

这类客户醉酒后倒头就睡，没有任何过激的行为和多余的语言。按照分析，这种类型的人，性格随和、心胸开阔，不会因为一点鸡毛蒜皮的小事儿与人纠缠，容易与人相处，但很少与人交流。他们生活比较顺利，并且能够满足于现状，对未来没有过多的奢望与追求。对待此类客户，销售难度不大，只要销售员介绍的产品在其承受能力之内，并且客户有一定的购买需求，他们都会很痛快地答应成交的请求。

2．酒后愉悦型

这类客户喝完酒就高兴，心中总有很多难以抑制的快乐，醉酒后说有笑，又唱又跳，并且一直保持兴奋状态，根本停不下来。如果客户有这样的表现，那他一定是个心胸开阔、性格开朗的人，既有忠肝义胆，又有侠骨柔情，很喜欢与人打交道，并且对生活和未来充满信心！对待这类型的客户，销售员可适当地施以“恩情”，按照他们的性情，必当感恩戴德，用签单作为回报。

3．酒后交际型

这类客户的主要表现为：酒后侃侃而谈，说话思维敏捷，善于处理人际关系，能在酒桌上把自己想说的话都说出来，把想办的事都办成！不过这种类型的人，性格内敛，不善言谈，总是喜欢隐藏自己的想法，只有在特定的时间和场合才喜欢展现锋芒。对待这类型的客户，销售员需要真诚相待，不可偷奸耍滑，你的小聪明逃不过他们的法眼。

4．酒后倾诉型

这类人喝完酒之后，会找一个自己信赖的人诉说。追忆往昔，畅谈今朝，事无巨细，娓娓道来。不过这种人平时比较内向，有真知灼见，但不善于表达。他们不喜欢评价别人，不喜欢锋芒毕露，只有在酒精的作用下才能表达自己，评价别人，阐述自己的观点。对待这一类型的客户，销售员一定要善于寻找能引起其情感共鸣的话题，这样才能有机会了解其内心的所思所想，继而有效满足他们的购买需求。当然了，如果碰到激烈的竞争，销售员也不可随意对同行评头论足，甚至恶意诋毁，否则会引发客户的抵触情绪。

5．酒后郁闷型

这类客户喝完酒后郁郁寡欢，有种感物伤怀的忧郁气质。这样的人一定心思细腻，善于察言观色，也比较容易顾及别人的感受。不过他们的性格缺陷是肚量狭小，常因为一件小事而闷闷不乐，并且很在意别人的看法。如果生活中碰到一些不尽如人意的地方，总有一种自卑感，于是借酒消愁，聊以自慰。对待这类性格敏感型客户，销售员一定要注意自己的言谈举止，以防伤害了客户的自尊。此外，产品介绍一定要详细到位，一些细节性的问题也不要忽略。

6．酒后骚扰型

这类客户酒后主要表现为：喜欢和人开玩笑，他们说话一般不经过大脑思考，粗枝大叶的行事风格常常惹人生气。不过这种客户性格开朗，热爱生活，是典型的现实主义者，是一个愿意把欢乐到处散播的人，平时就喜欢和别人开玩笑，酒过三巡之后说话更是没边没际。对待这一类型的客户，销售员无须小心翼翼，如果你和他的处事风格相同，反而能让其找到一种惺惺相惜的感觉，很容易赢得客户的好感。

7．酒后狂躁型

这类人酒品最差，喝完酒后怒火中烧，狂躁不安，看谁都不顺眼，看谁都生气，有很强的暴力倾向。这种类型的人性格内向，平时不善于表达，生活可能不太顺利，自尊心很强，怕别人看不起，喝酒之后，不满的情绪找到一个发泄的出口。面对这类的客户，销售员一定要言辞谨慎，以防触碰到他们敏感的神经，从而引发不必要的冲突。

销售精英小贴士

酒桌上的人最真实。作为一名销售员，一定要从客户酒后百态洞察出客户的性格和心理，然后根据其性格推销自己的产品，这样成功的概率会比较大。

第五章

想方设法拉近与客户的心理距离

迅速拉近与客户的心理距离是赢得客户信赖，取得交易成功的关键环节。要想做到这一点，首先销售员要学会站在客户的角度思考问题；其次还要懂得聆听客户的心声；最后赞美和人情也是亲近客户的有效方法。总之，实现与客户心灵沟通的方法有很多，销售员只要能灵活掌握这些方法，就可以有效实现心与心的沟通，顺利促成交易的成功。

客户都喜欢真心替自己着想的人

销售箴言

替别人着想是人生的一种美德，一种境界，更是获得销售获得成功的一种手段。

为自己着想是人们的一种本能反应，根本无可厚非。而对于客户来说，他们花费了金钱去换取商品。在这个过程中，他们会本能地关心自己的需求是否被满足，自己的利益是否受到损害。如果在购物的过程中，碰到一个自觉为自己着想，且努力维护自身利益的人，他们自然十分欣喜，愿意持一份信任的态度，与这个人走得很近。

但是，在实际的销售过程中，很多销售员并没有顾及客户这一层面的心理活动，只是一味地关注自己的产品能否卖出去，自己的销售业绩能否提高。所以，他们总是着重强调自己产品的优越性，而没有从客户的利益和角度出发，客户对自己的产品的满意程度，他们也从不考虑。这种“自私自利”的营销模式没有给客户足够的关心和重视，因此也无法真正拉近自己与客户之间的心理距离。

情境再现

陈南天生长了一张能言善辩的嘴，他本以为凭借着自己的这张利嘴一定可以实现年薪百万的美梦。但是销售工作开始一段时间以后，他却变得越来越不自信了。因为每次向客户推销时，无论他的产品介绍得多么鲜活生动、无懈可击，客户却总是无动于衷、视若无睹。几个月下来，陈南的签单数量少得可怜。对此，陈南很困惑，他觉得自己口才好，推销的产品也是物美价廉，在和客户的谈论中，他也已经尽最大的可能把这些信息都传达给了客户，可是为什么客户总是迟迟没有购买的意愿呢？

与他形成强烈反差的是同事小郑，看着小郑平时笨嘴拙舌的，可是业绩却一直遥遥领先。于是，疑惑不解的陈南便虚心向他请教销售成功的秘诀。

听了陈南的描述，小郑马上施以“良方”：“无论什么时候，客户最关心的始终是自己的利益。每一位客户都希望销售员能真心替自己着想，为他们推荐他们最喜欢、最需要的产品，这样你才能真正赢得他们的好感和信赖。所以，在销售过程中，你的产品介绍必须始终围绕着客户，让产品有效地满足客户的需求，千万不要让他们有一种你只是单纯完成销售任务的感觉。听你的描述，我觉得你在销售产品的时候，只是一味地介绍产品的质量有多好，有多畅销，价格有多低廉，完全忽略了客户的感受，更没有真心替他们着想。这样一来，你们之间的距离感越拉越大，合作的机会自然就越来越小了。”

陈南听后恍然大悟，他觉得小郑说得太有道理了。在之后的销售过程中，他自觉地把客户的感受和需求放在首位，给客户介绍他们最需要的款式，并仔细地为他们分析这些商品能够给他们带来的利益，能够给他们的生活带来的变化，以及客户怎样选择、怎样搭配购买才最合算。渐渐地他发现客户看自己的眼神亲切了很多，态度也有了明显的改观，最重要的是产品的销量也有了明显的提升。

情境分析

正所谓“爱人者，人恒爱之。”陈南的销售经历告诉大家，一个真心为客户着想的人，客户也会有所回报的。当销售员能够真正地从客户的利益出发，真诚地为客户考虑，让他们得到实惠的适合自己的产品和服务时，双方之间的心理距离自然也就缩短了，产品销售成功也是顺理成章的事情。

销售心经

销售是一种压抑自己的意愿去满足他人欲望的工作。设身处地地为客户着想，是成功销售的前提和基础。销售员不是卖自己喜欢卖的产品，而是站在客户的立场上，卖客户喜欢买的产品，只有客户满意了，销售员才能从中获得利益。

因此，销售员要时刻记住，做一个真心替客户着想的人，只有这样才能赢得他们的喜欢和认可。如果销售员只是围绕着自己和产品，而忽略掉客户的真实感受，那么销售很难取得成功。只有销售员真诚地为客户考虑了，让客户感觉自己的利益得到了保证，双方才有进一步合作的可能性，甚至客户也愿意和你建立起长久的伙伴关系，实现“双赢”。

销售精英小贴士

在工作的过程中，如果销售员能够设身处地替客户着想，客户就会主动卸下心理的防备，在打开自己心门的同时也打开自己的钱包。

学会聆听并找到销售的契合点

销售箴言

聆听是一种教养，更是一种能力，它是实现心灵沟通的一座桥梁。

曾经看过这样一则小故事：圣诞节即将到来，美国人乔治为了和家人团聚，兴高采烈地登上了回家的飞机。一路上幻想久别重逢的欢乐场景。但不幸的是，天公不作美，下起了大暴雨，飞机脱离航线，上下左右颠簸，所有的乘客都命悬一线，空乘人员也吓得脸色煞白，惊恐万状地吩咐乘客写好遗嘱放进一个特制的口袋。

这时，飞机上所有人都在祈祷，也就是这万分危急的时刻，驾驶员凭着冷静理智的头脑和娴熟的技术将大家安全地送回了地面，于是所有人都松了一口气。

乔治回家后兴奋激动的心情久久不能平息，不停地向妻子描述飞机上遇到的险情，并且满屋子转着、叫着、喊着……

然而，他的妻儿却沉浸在节日的愉悦氛围中，对他说的话置若罔闻，男人叫喊了一阵子，发现没有人听他倾诉，瞬间死里逃生的巨大喜悦与被冷落的心情形成强烈的反差。

当妻子准备蛋糕的时候，乔治却爬到阁楼上，用上吊这种古老的方式结束了从险情中捡回的宝贵生命。

这个故事虽然极端，但却引人深思和警醒！乔治用自杀的行动告诉人们聆听有多么的重要。背井离乡时，聆听父母的声声叮嘱，可以感受到血浓于水的亲情；独处异乡时，聆听恋人的暖暖的问候，可以感受到无限的思念和期盼；产品介绍时，聆听客户潜藏的心声，可以实现双方心灵的沟通，找到销售的契合点。

销售员只要用心倾听客户表述的看法，客户就会因此而愿意和销售员进行交流，当交流不再是问题，双方的心理距离也会慢慢拉近，接下来的一切都会变得水到渠成。此外，销售员需要注意的是，倾听是一门艺术，善于倾听就是要在客户的对话中，仔细分辨出客户所说的话里隐藏的深刻含义，体会客户的诉求，只有这样才能找到销售的突破口。

情境再现

一天，在某汽车专卖店里来了一位中年男人。汽车销售员小宋热情地接待了他，并且为其推荐了一款新型车。接下来，小宋又详尽地为客人介绍了车子的性能、优点。中年男人看着小宋滔滔不绝的介绍，好几次都欲言又止。

小宋把产品的亮点一一悉数交代完之后，迫不及待地问道：“您觉得我给您介绍的这款新车怎么样啊？”

这位中年男人面无表情地回了一句：“还不错。”

小宋觉得男人虽然看着不苟言笑，但是对自己推荐的新车却并没有表达任何不满，于是，他心里暗暗告诉自己成交的希望还是挺大的。谁知就在他自鸣得意之际，男人却转身离开了店里。男人的这一举动让小宋非常诧异，他回忆着自己说的每一句话，并没有发现讲错的地方，也没有冒犯客户的地方，真是百思不得其解。于是他忍不住追了出去，询问男人放弃购买的原因。

这位中年男人告诉他：“今天你只是自顾自地介绍了一通产品，我完全没有机会说一句话。很明显，你根本不知道我究竟想要一辆什么样的车子。虽然你给我推荐的那辆车性能也不错，但不是我理想的款式。”

说完男人扬长而去，只留下小宋一个人在那里发呆。从那以后，小宋引以为戒，经常告诫自己推销不仅要带上自己的“嘴巴”，更要带上自己的“耳朵”，多多聆听客户的心声。

情境分析

学会聆听是一种尊重他人的表现，也是一个人具有良好修养的表现，更是一种获取信息的重要途径。案例中的小宋很显然完全忽视了客户想要表达的心声，更没有养成聆听客户表述的良好习惯。既然没有聆听，也便不知道客户的所思所想，更无从找到销售的突破口，因此最后交易失败也不足为奇。

销售心经

滔滔不绝的好口才在销售过程中很重要，但是要想实现双方有效的沟通，仅凭好口才是远远不够的，聆听同样属于有效沟通的必要部分。一个合格的销售员不仅要善于运用推销的语言，而且还要学会聆听。只有认真聆听客户的心声，才能从客户的话语中捕获到隐藏着的丰富信息，通过这些信息销售员可以推断出他们看重什么、担心什么、希望得到什么，进而实现心灵的沟通，找到销售的契机。

以下是可供销售员参考的聆听技巧。

1. 对客户的谈话适当的引导

销售员学会聆听是很重要的，但是并不意味着聆听没有原则，如果客户天马行空地乱说一通，则对销售没有任何意义。所以，销售员要懂得在适当的时候把谈话控制在与销售产品有关的主题内，既要让客户畅所欲言，又不能偏离主题。

2．对客户的观点谨慎反驳

在聆听的过程中，客户的观点和看法难免有些错误或者极端。销售员如果要反驳客户的观点，一定要注意自己说话的语气和方式，不可随意中断客户的谈话。

3．对客户的观点及时归纳总结

所谓有效的聆听不能只是单纯地听，销售员还要给予适时地总结和回应。这样可以确保销售员没有误解客户的谈话内容，也可以让自己在聆听的过程中准确找到销售的突破口。

此外，销售员在倾听和深入挖掘客户需求过程中还要注意一些事项。

（1）销售员在倾听的同时要不失时机地发言，把握好交谈的节奏，不能因为倾听而把销售变成只听不说，这样就会失去交流的主动权。

（2）销售员倾听客户谈话时，尽量把自己的目光真诚地投向客户，切不可左顾右盼、心猿意马，否则这样不尊重别人的举动必然会引起客户的不满。

销售精英小贴士

聆听在销售领域中发挥着不可忽视的作用。认真聆听客户对产品的意见和看法，很容易激发其交流沟通的兴趣，也有利于拉近彼此之间的距离，更有助于销售员找到销售的契合点。

送上恰如其分的赞美

销售箴言

渴望赞美是人的天性之一，恰如其分的赞美是人际关系的黏合剂。

美国威廉·詹姆斯说过：“人类本质里最殷切的需求是渴望别人肯定，最深远的驱动力是希望具有重要性。”有人说，喜欢被赞美是人性的弱点。但是却没有一个人不喜欢被赞美，也没有一个人喜欢被指责和否定，我们的客户也不例外。作为销售员，一定要及时抓住客户的这种心理，让其自尊心和荣誉感得到满足，这样他们才会对你产生亲切感，彼此之间的心理距离也会由此而缩短。

“月盈则亏，日中则昃”。销售员在赞美客户的同时必须掌握一定的技巧，恰如其分的赞美才能收到理想的效果。如果你的赞美之语缺乏真诚，或者没边没际，胡乱吹捧，只会招来客户的反感。

情境再现

有一次，某建材城来了一位客户，他盯着一款地砖看了良久，导购走过去对他说：“您真有眼光，这款地砖是我们公司的主打产品，也是上个月销量最好的一款。”

客户：“那它的价格怎么样？”

导购：“这款地砖，本来原价是180元一块，如果您诚心想要的话，我给您打个折，150元一块。您看怎么样？”

客户："听着还是不便宜啊！能不能给我再优惠一点？"

导购："您的家具体在什么方位？"

客户："在东方绿洲。"

导购："东方绿洲是市里很不错的楼盘了，听说那里都是社会精英人士的聚居区，而且绿化环境非常好，空气也非常清新。您买了这么高档的住房，我看就不用在乎贵一点了吧？不过我们近期正在对东方绿洲和威尼斯城做一个促销活动，这次还真能给您一个团购价的优惠。"

客户听后脸上挂满了笑容，但随后眉头一皱，颇为急切地说："可是我现在还没有拿到钥匙呢？无法具体测量室内的面积，你说该怎么办？"

导购说："您要是现在提货条件还不成熟呢！按规定要达到20户以上才能享受优惠，今天加上您这一单才16户，还差4户。所以我建议您可以先交点定金，我会在你的名字前面特别标上团购价，等您家钥匙拿到了，再告诉我具体面积和数量。"

这样客户就按照导购的说法交了定金。两周之后，这个订单成交了。

情境分析

每个人的内心深处都渴望得到别人的赞美，案例中的导购就抓住了客户的这一心理需求。他在与客户沟通的过程中巧妙地运用了赞美的语言，真诚地夸赞客户眼光独到、住房高档，暗示客户是精英人士，这种如沐春风般的赞美让客户不知不觉地接受了导购的推荐，最终做成了生意。由此可见，赞美是促成交易的一剂良药。

销售心经

阿里巴巴集团的创始人马云说过："想提高自己的情商，就要放下架子，抬高别人，不失时机地赞美别人。" 若销售员不懂得赞美的技巧，那么势必无法给自己的销售工作添加助力，降低销售的难度系数。恰如其分的赞美能让销售员和客户之间的谈话更加愉快，让彼此之间的心理距离更加贴近，这样成交也就变得容易多了。可以说赞美也是一门艺术，销售员要想在赞美客户的时候做到得心应手，就应该掌握一些技巧。

1．找准赞美的目标

如果销售员推销的对象是单独的一个人，那么他个人的长相、衣着、举止谈吐、风度气质、才华成就、家庭环境、亲戚朋友等方面，都可以成为赞美的内容；如果销售员的客户是一个团体，那么除了上述的赞美选项之外，企业名称、规模、服务态度、产品质量、经营业绩、发展速度等，也可以作为赞美对象。

另外，销售员还有一点需要注意，不论是赞美单独的个体还是共同的团队，不论是赞美人物还是赞美事物，都应该选择最佳赞美目标。没有目标地胡乱吹捧，最后不仅无法取悦客户，甚至有可能给销售造成新的难度。

2．赞美要把握分寸

很多时候，扭曲事实、夸大其词的赞美，不仅不会让客户感到愉悦，反而会使客户感到难堪，甚至会产生反作用，导致客户对销售员产生不良印象和抵触情绪。因此，销售员赞美客户，一定要把握好尺度，恰当的赞美，才能取得事半功倍的效果。

此外，赞美的对象不同，赞美的语言也有所区别。对于年老的客户，应该多用间接、委婉的赞美语言；对于年轻的客户，则可以用比较直接、热情的赞美语言。面对严肃的、不苟言笑型的客户，赞语应该朴实自然，点到为止；对于爱慕虚荣型的客户，则赞美的话多多益善。

3．赞美要懂得把握时机

一个人已经有一朵怒放的鲜花，再送一朵可有可无；可是当她只有一只空空的篮子，送她一朵，那么她就会满心欢喜。因此，赞美把握好时机很重要，如果错过了合适的时机，赞美的效果就会大打折扣。

销售精英小贴士

在推销工作中，赞美是销售员拉近与客户心理距离的一种有效方法。如果赞美技巧运用得当，一定会让客户打开心扉，对你信赖有加。销售员要想让自己的业绩突出，那就睁大眼睛，好好发现客户身上的闪光点，恰到好处的赞美会让你得到意料之外的收获。

用人情“绑住”客户的心

销售箴言

人情是一笔心灵债务。通过这笔人情债务，销售员可以和谐人际关系，提高销售业绩。

中国自古以来就是礼仪之邦。《礼记·曲礼上》上记载：“往而不来，非礼也；来而不往，亦非礼也”。作为销售员，可以运用这个人情世故来做文章，给客户一些好处，让他们在心理上产生负债感，从而通过“人情术”

达到销售的目的。

著名心理学家罗伯特·西奥迪尼将这种“付出——回报”行为称之为“互惠”,即对于别人的付出我们要予以回报。销售员通过给客户送人情的方式,可以换来客户心灵上的亲近感,与客户建立起感情,这样,当你再向他们推销的时候,客户就不好意思拒绝你,可能还会主动来购买你的产品,甚至为你带来其他的客户资源,这层人情网建立起来之后,产品的销路就会变得更为广阔。

情境再现

在一次同学聚会上,王涛很偶然地接触到销售这个行业,于是干起了推销手工巧克力的工作。王涛虽然涉足未深,经验匮乏,但他做事却很有自己的想法,他认为销售最重要的就是客户,而要想赢得更多的客户,人情交往必不可少。

为了找到更多的客户资源,他频繁走访各大学校,在此期间,他结交了很多学生朋友,有一些还是学生会的干部。另外,他觉得要想提高产品销量,加大宣传至关重要,因而媒体的力量不容忽视。于是,他在闲暇空余之际,还会有意识地到当地的电视台转悠,慢慢地就会结识很多电台DJ。每个和他有交集的人,他都会送上一份自己精心准备的小礼物——一盒装巧克力。别看这些赠品成本较低,但其包装却非常精美,看得让人爱不释手。

赠品虽然微不足道,但“礼轻情意重”。王涛觉得自己和那些陌生人之间明显多了几分亲近感,后来有的人甚至和他成为无话不谈的朋友。等到时机成熟,王涛就向这些朋友推销巧克力,这些朋友因为不好意思白吃人家的东西，所以，大家纷纷变成了他忠诚的客户，同时这些朋友还不忘向周围的亲朋好友推荐，渐渐地，买他巧克力的人越来越多了。日积月累，他代理的巧克力品牌开始在许多学校畅销，而且，他还利用电台的关系，做了几次成本低廉、效果极佳的广告，为他销售巧克力起到了极大的宣传作用。

虽然王涛之前没有任何的销售经验，但是，由于他一年多的人情累积，他的销量稳稳地排在公司首位，老板为了奖励他，特意给他一个韩国旅游的机会。

情境分析

俗话说:“拿人家的手短，吃人家的嘴软！”当人们占了别人的便宜，就会产生一种亏欠心理，自然不好意思拒绝别人的请求，并且本能地就想要以另一种方式来回报别人。案例中的王涛就是一位深谙人情交往的高手，他用赠送巧克力的方式绑住了客户的心，从而实现了自己业绩上的突破。

销售心经

从某种角度来讲，销售卖的不单单是产品，更是人情。销售员会通过一些小恩小惠让客户背负心理债务，用人情绑住“客户”的心，使得他们不得不答应购买的请求。为了让这种“人情效应”发挥出最大的效果，销售员在赠品选择上要谨慎小心，一定要保证赠品能够达到预期的效果，适得其反就不好了。具体的注意事项介绍如下。

1. 赠品必须具有相关性

赠送的产品和促销的产品一定要具有关联性。比如，食用油搞促销，可以赠送香油；热水器促销，可以赠送浴巾；电动车促销，可以送一把锁；洗衣液大酬宾，可以赠送盆子。

2．赠品最好具有独特性

所谓独特性，就是除了促销期间以外，市场上根本买不到。比如：某品牌电动车优惠活动时，赠送客户一个防盗报警器，这种让人耳目一新的赠品，更容易激发客户购买的冲动。

3．赠品也要保证质量

越是赠品，越要注意质量，销售员千万不能挑产品中的残次品赠送给客户，这样没有实用价值的产品不仅不会受到客户的欢迎，而且他们还会把赠品和产品混为一谈，认为同样都是劣质的，因而不会购买。

4．赠品必须具有真实性

对于赠品功能和价格的描述必须符合客观事实，不得肆意夸大、捏造。只有赠品货真价实，客户才会对你的产品建立起信赖感。

5．赠品最好具有宣传性

比如，很多做女性护肤品的商家，促销的赠品往往是女士的挎包或者化妆包，做工精巧，款式时尚，并且挎包上明显打上了商家的商标，这样客户背着包出门，不论走到哪儿，都是一个免费且移动的宣传员。

销售精英小贴士

在销售商品的过程中，销售员可利用人情策略，赢得客户的好感，继而运用其“投之以桃，报之以李”的心理，提高自己产品的销量。

站在客户的立场上想问题

销售箴言

《孙子兵法》曰：“知己知彼，百战不殆。”站在客户的立场上看问题，有助于销售员“知彼”，更利于其“百战百胜”。

在销售过程中，换位思考是赢得客户的有效方法。换位思考的实质，就是设身处地为他人着想，就是站在客户的立场上想问题，即想人所想，理解至上。著名的松下电器公司创始人，松下幸之助先生在做生意的过程中，为了缩短与对方之间沟通的时间，提高会谈的效率，常常会站在对方的立场上想问题。凭借着这个谈判技巧，他和合作伙伴节省了很多的谈判时间，也赢得了很多合作的机会。

作为一名销售员，要想钓到客户这条“大鱼”，就需要设身处地为客户着想，站在客户的立场上、利益上考虑和看待问题，并且放上客户所需要的“鱼饵”，这样客户才能对你产生一种亲近感，有了购买需求第一个想到的就是你。

情境再现

一天，某百货商场来了一对中年夫妇。他们来到某鞋子专柜前的时候，丈夫好像有感而发，随口对妻子说：“你看，咱们女儿上次就是在这儿给我买了一双鞋，可是鞋子的样式我实在不喜欢，一直就在那放着，真是浪费啊。”妻子也感叹着说道：“是啊，你的鞋子多得都穿不过来，不过买下已经三个月了，人家肯定不会给咱们退了，就先放着吧。”

他们的谈话被在一旁负责接待他们的销售员小芳听到了。小芳笑着对他们说：“没事，如果不喜欢鞋子的款式，就拿来退了吧，放着不穿确实有点浪费。”

夫妻俩一听，惊讶地看着这个有点瘦弱，但是非常大方漂亮的销售员，异口同声地问道：“你真的愿意给我们退吗？”

小芳：“当然是真的，你们明天就可以把它拿来退了。”

妻子：“你真是一个好心的小姑娘，可是我们把鞋子退给你，你还能卖得出去吗？”

小芳：“会有点儿影响，但没有关系。你们买它的时候花了好几百元呢，退了可以买喜欢的东西。放心吧，退给我就行了。”

就这样，小芳收到鞋子之后如数把他们买鞋的钱退了回去，夫妻俩看着小芳如此贴心的服务，不停地道谢。丈夫临走前还留下一句话：“碰上你这么好心眼儿的销售员真的好难得。”

没过几天，这对夫妇又来到了小芳的柜台前，一口气买了三双鞋。

小芳笑着问：“你们一下子买那么多鞋子也穿不了呀！”

丈夫说：“好人就应该有好报。你心眼这么好，真心替我们着想，所以我觉得我们应该给你捧捧场。”

情境分析

小芳之所以赢得客户的信赖和亲近，主要是因为她能站在客户的立场上想问题，能为客户的利益着想。试想如果碰到一个真心维护自身利益的销售员，哪个客户不会感动呢？而感动带来的自然是销量的回报。

销售心经

作为销售员，能经常换位思考非常重要。站在客户的立场上想问题，就是时时刻刻以客户为中心，设身处地地为客户着想，以客户的视觉理解其观点，以客户的好恶把握其购物需求，只有这样，才能为客户提供金牌服务，才能在客户心里留下深刻的印象，从而让其变成自己的回头客。

站在客户的立场，为客户着想，首先要假设自己是客户。只有把你自己想象成客户，你才能知道他们想要什么样的产品和服务，什么样的售后服务他们才会满意，这样才能得到客户的认可，赢得客户的信赖，最终有利于自己的产品销售。

一个不计较个人得失，能够站在客户的角度上想问题的销售员，还要懂得把握客户的需求，知道面前的这个客户是否真的需要这个产品。如果他没有这方面的购买需求，就不要强行推销。向一个不抽烟的人推销烟灰缸，成交的概率不会很大。

一位讲授营销课的老师说："能够把冰箱卖给爱斯基摩人的销售员不是一个好的销售员。因为这个爱斯基摩人在发觉上当后再也不愿见到他了，他也别想再回到那里卖其他任何东西。因为这样做，只是在考虑自己的利益，而不是站在客户的立场去为客户着想。"

因此，一个真正站在客户立场的销售员是不会对眼前的利益斤斤计较的。因为他们知道，现在失去的利益是一种投资，将来得到的回报有可能远远高于现在所失去的。可现实中，很多销售员对待客户时，总是完全站在自身的角度考虑问题，根本不为客户着想。他们最典型的心态往往是：客户买了我的产品是否真的有用，这和我没有关系。重要的是，他们买下了，我就能大赚一笔。这样的想法和做法，客户怎么会变成你忠诚的回头客呢？

销售精英小贴士

要想取得客户的信任，销售员就必须站在客户的立场上考虑问题，想客户之所想，急客户之所急。只要自己付出了真诚和热情，最后一定会得到意想不到的收获。

学会打消客户的疑虑

销售箴言

客户疑虑是销售员和客户感情疏远的主要动因，更是销售成交的最大障碍。

在销售过程中，客户总有这样或那样的疑虑。有的担心产品的质量会低于自己的期望值，有的人则害怕产品的售价高出其他同类产品，还有的人担心万一购买结果不尽如人意，得不到相应的补偿……基于上述种种因素的考虑，客户对产品的购买犹豫不决。客户的这类疑虑会使其对销售员产生一种本能的戒备心理，更不敢轻易尝试购买。所以，销售员首先需要学会打消客户的疑虑。

情境再现

何进是某软件公司的销售员。有一天，他向A公司推荐一款软件系统。在与该公司的负责人李经理商谈时，一个巧妙的承诺帮助他赢得了一大笔签单。

A公司的软件系统时常出毛病，这让使用该系统的员工头痛不已。开会商讨之后，A公司的领导决定投入大笔资金，全面更新公司的软件系统。

何进获得这个消息后，马不停蹄地来到这家公司。通过一番费力的游说，A公司的相关负责人李经理终于表露出了一点儿购买的心迹。但是，鉴于以前购买的软件系统质量不高，李经理迟迟不肯达成合作，他觉得除了何进应该还有别的质优价廉的购买机会。面对客户的犹豫不决，何进郑重其事地说道："李经理，您放心，贵公司试用了这种软件后，我敢以我们公司的名誉和自己的人格保证这种软件系统的质量和性能绝对不会让你们失望。这样吧，这个星期六我抽时间亲自给你免费送货，免费安装，全程安装都由我亲自监督，效果如何您一看便知。"

李经理说："这恐怕不好吧，万一周六装上了你们的系统，下周一上班就出现问题，我们的工作不是照样耽误了吗？"

何进说："李经理，您真的多虑了。既然我们打算赚您这份钱，就一定会帮您考虑得详细周到。您放心，我们公司有健全的售后服务系统，只要在保修期间，我们一定会免费上门修理。我们公司从事软件推广服务工作已经7年了。7年来，很多家公司都和我们建立起了合作关系。李经理，您心思细腻、顾虑周全，看得出来是一个非常负责任的好领导。不过，与我们合作您一点儿都不用担心。"

李经理说："我不是对你不放心，而是怕出现意外状况。我们以前购买软件的时候，就吃过这方面的亏。"

何进说："您的担心我理解。不过我向您保证，没有金刚钻，就不揽您这瓷器活。"

李经理看到何进自信十足、真诚可信的模样，沉思片刻之后，就答应试试。

到了周六，何进如约来到了公司，李经理对安装的效果颇为满意，于是双方顺利地签了订单。

情境分析

在销售过程中，客户如果对产品的质量和性能没有十足的把握时，难免心生疑虑，裹足不前。此时，销售员向客户作保证不失为一个打消客户顾虑的好方法。案例中的何进就用自己郑重其事的承诺和自信十足的感染力建立了客户购买的信心。

销售心经

在销售过程中，每当客户对产品有所顾虑时，都会下意识地拒绝购买产品。那么销售员应该怎么做才能消除客户的疑虑，满足其心理安全感呢？

1. 对客户的疑虑积极回复

客户对产品存有疑虑，说明他在心里害怕承担某方面的风险，如产品或服务上存在的缺陷，就会影响其使用效果。对于客户的顾虑，销售员必须做到心中有数。为了促成双方的交易，销售员还要对每种疑虑积极回应，并且想出一套切实可行的解决方案。

2. 请客户参与产品演示和鉴别

每一种产品都不可能是十全十美的。产品有缺陷不要刻意掩饰，对客户的负面评论更不要随意否认。如果客户所虑非虚，那么就采用“先贬后褒，凸显优势”的营销策略。为了证明产品的优势，销售员可以请客户自己重新演示和鉴别产品的好坏，帮助其对产品进行比较，这种亲自参与的方式更容易让客户对产品有一个直观、具体的了解。如果产品货真价实，相信这种“耳听为虚，眼见为实”的做法一定能打消客户的顾虑。

3．恢复客户的信心

恢复客户信心是消除客户疑虑的重要方法之一。因为在决定是否购买时，客户信心动摇，开始后悔都是常见的现象。这时，客户对自己的看法和判断有所怀疑，销售员必须强化客户的信心和勇气，帮助他们消除疑虑。帮助客户建立购买信心最强有力的武器就是销售员的行动和语言。专业沉稳的销售气质、循循善诱的销售沟通技巧都可以有效消除客户的顾虑。

4．适时地给客户提建议

在工作过程中，销售员可以采用给客户提建议的方法来消除其内心的疑虑。当客户有所疑虑时，就会左右为难，不知如何抉择。这个时候，销售员恰到好处的建议有可能成为客户的救命稻草，也能为自己的推销工作带来转机。当然，如果客户向你咨询，你提不出好的建议，就会失去成功销售的机会。

5．迂回法消除客户疑虑

有时，如果针对客户的疑虑直接辩驳，有可能引起客户的逆反心理。这时，销售员应微笑着将对方的疑虑暂时搁置起来，转换成其他话题，用以分散客户的注意力，瓦解客户内心所筑起的“心理长城”。等到时机成熟了，再言归正传，这时客户内心质疑和担忧的情绪就会缓解很多，处理起来就不会那么棘手了。

6．间接法消除客户疑虑

采用间接法消除客户疑虑要注意两点：一是当客户明确表示对自己的产品没有兴趣时，销售员应冷静地分析，诚恳地讨教；二是当客户提出××产品和你的产品相比较而扬他贬我的时候，销售员不可随意诋毁或抨击竞争对手，而应在笼统地与客户同频率的同时，在“但是”或“不过”

后面做文章，正面阐明或介绍你方产品的优越之处，让客户觉得你的产品并不是没有可取之处的。

销售精英小贴士

“嫌货才是买货人”。面对这种“嫌货人”，销售员要懂得运用各种处理技巧，打消客户对产品质量、性能、售后等方面的质疑。

要真诚热情而不是“巧言令色”

销售箴言

客户是上帝。对待“上帝”要多一些真诚热情，少一些“巧言令色”，这样彼此之间心的距离才会缩短。

态度是决定一个人做事能否成功的关键因素。作为一个销售员，必须抱着一份真诚和热情对待自己的客户，只有这样才能拉近双方之间的心理距离。花言巧语、八面玲珑的行事风格是无法给客户安全感的，只有真诚才能换来客户的信任。

当然，真诚是销售员对待客户的基本原则，热情也是销售成功的基本要素。如果销售员脸色阴沉、态度冷漠，没有一个客户愿意从他那里买东西。只有热情的销售员才可以感染到客户的心理，调动客户的情绪，让客户不由自主地信任自己，愿意接近自己，从而赢得客户的好感和认可。

情境再现

小郭刚去某房地产公司上班的时候，工作经验不丰富，销售业绩也远远落后于人。虽然他处处碰壁，但是仍然对工作充满了热忱，对客户充满了真诚。

有一天，一位老先生向他说："我老伴近年来哮喘病非常严重，市区吵闹，空气又不好，我打算换个居住环境，在市郊区买一套房子。"

小郭："哮喘是一种比较顽固的疾病，不过您二老不用担心，我父亲是支气管方面的医生，对哮喘这个病比较了解。"老先生便让小郭帮忙。

小郭："我现在打电话给父亲，让他给阿姨指导一下日常生活的一些注意事项。"

老先生："还浪费你电话费……"

小郭打通了电话，父亲叮嘱了很多饮食起居的禁忌，并且还说了一个偏方。

老先生："你爸怎么说的？"

小郭："我父亲说冰糖冬瓜盅止咳定喘效果明显，具体的做法是……此外，他还特意嘱咐您家里禁放花、草、地毯等容易引发哮喘的过敏源……"

老先生："你说了这么一大堆我记不住啊。"

小郭："您别着急，我把这些要点给您记在一张纸上……"五天以后，两位老人拉着小郭说："小伙子呀，今天下午咱们就把买房的合同签了吧。"

小郭热情真诚的帮助感动了老人。从此，只要老人的亲戚朋友有买房的需求，他们一定会第一时间推荐给小郭，渐渐地小郭的客源多了起来，销售额也直线上升，居于所有同事之首。

情境分析

有付出就会有回报。只要销售员以诚相待，以情动人，相信客户一定能感受得到。与那些“巧言令色”的销售沟通技巧相比，真诚热情更容易打动人心，更容易取得客户的信赖。案例中的销售员小郭就是一个最好的证明。

销售心经

人们常说：“宁交一帮抬杠的鬼，不结一群嘴甜的贼。”“巧言令色”的销售言辞无法真正走进客户的内心，唯有真诚和热情才能让其放下心中的戒备，愿意与你达成合作和交易。那么作为一名销售员，应该怎么样做才能体现自己的真诚呢？

1. 不为难客户

销售员在和客户谈判时，如果客户有为难之处，一定要予以适当的体谅和宽容。与人方便就是与己方便。如果销售员这样做了，即便这次合作失败，但销售员的善解人意会让客户对其心怀歉意，甚至内疚，他们一定会在下次合作中对销售员做出补偿。同时，销售员也不会因为强人所难而丧失今后与这位客户的合作机会。

2. 替客户着想

销售是一场持久战，追求的是长久合作和共赢。所以，销售员在推销的过程中要注意，不要把对客户没有用的产品卖给他，也不要让客户花冤枉钱，应尽量减少客户不必要的开支。当你真正为客户着想的时候，客户会因为你的真诚而把你当成一个长期合作的对象。

3. 对客户信守承诺

信守承诺是真诚的一个外在表现。只有信守原则的销售员才会赢得客户的尊重和信任，客户才有理由相信你，才会放心地购买你的产品。海尔集团首席执行官张瑞敏在检查出库房里的400台冰箱有76台存在各种各样的缺陷时，他要求人们把这些问题冰箱全部砸掉。一个销售员要想取信于客户，就得永远对客户真诚，绝对不能做一些违背承诺的事情。

4．做些销售之外的事情

要想赢得客户的真心，拉近双方之间的心理距离，销售员可以在合作范围之外为客户多做一些力所能及的事情。比如，有个客户家里有一个患了胃病的老人，而销售员正好认识肠胃方面的专家，就可以为其引荐。有了这层帮助与受助的关系，相信客户自然会和你亲近很多。

如果说真诚是打开客户心扉的一把钥匙，那么热情就是温暖和感染客户的一团火焰，它可以有效缓解客户本能拒斥的心理。试想一下，如果销售员满腔热情、笑脸迎人，客户又怎么好意思爱搭不理、冷漠以待呢？所以只要销售员全心全意为客户热情服务，即使他没有看中你的产品，他也会认可你的销售态度，从而在心里和你多几分亲近。

热情是销售员责任心和上进心的外在表现，是一种拉近与客户心理距离的有效方法，更是提高销售业绩的助推器。不过销售员在热情待客的同时，也要注意把握分寸，不能过分热情，否则会使客户觉得你虚情假意，进而引起戒备，从而在无形中增加一道心理防线。

销售精英小贴士

真诚和热情是销售员最重要的品格。真诚能赢得客户的信赖，热情能赢得客户的好感。而信任和好感的建立正是拉近销售员与客户心理距离的前提和基础。

永远不要让小问题演变为“激烈的争论”

销售箴言

一个聪明的销售员明得失、知进退，碰到小问题时绝不会和客户一较高下。

作为销售员，经常会碰到客户说“你们的产品质量真差”“你们的产品价格太高”“你们就是在骗人”之类的话的情况。但是在销售员的观念里，应该时刻记住：客户就是自己的上帝，即便是碰到那样的情况，也不能在“上帝”的面前争强好胜。

销售中遇到一些小问题，要顺着客户的观点进行推销，一定要避免与他们进行正面冲突。因为一旦与客户争辩，那么不管在争辩的过程中是否处于上风，是否占尽先机，结果都是销售员输了。因为如果销售员在争辩中失败了，那么就是真的败了；如果销售员胜了，客户的面子就会受损，销售员也会因此而失去一个成交的机会。所以一个聪明的销售员是绝对不会让一个小问题演变为“激烈的争论”的。

情境再现

小玲在从事保险销售的过程中，经常被人贴上“骗子”的标签。虽然这些话让她听着有些难过，可是她每次都能及时地调整自己的心态，机智地让那些拒绝者改变对她和保险的看法，而且最后还顺利签订了保单。下面，让我们来看看小玲的销售秘诀。

准客户："你们卖保险的都是骗子。"

小玲："您认为我也是骗子吗？"

准客户："是啊。你难道不是骗子吗？"

小玲："我也经常疑惑，尤其在像您这样的人指责我的时候，我真的有一种辞职的冲动，可就是一直下不了决心。"

准客户："不想干就别干，怎么还下不了决心呢？"

小玲："因为在我做保险的这几年里已经和几百个投保户成为好朋友，只要我有辞职的念头，他们肯定会反对，还说续保服务找我才踏实，尤其是那十几位理赔的客户，更是经常打电话告诉我不要走。"

准客户："还有这事？你们的投保理赔真的说话算数？"

小玲："是的，您看，这是我经手的第一桩理赔案……"

就这样，小玲每次都能当场改变对立者的观点，战胜他们对保险推销的偏见和拒绝，并且成功地说服他们购买自己的保单。

情境分析

面对客户的责难和不信任，销售员最理智的做法是不争不辩，用事实为他们证明。倘若案例中的销售员为了维护自己的面子，与客户争论短长，到最后不仅无法转变他们的观念，而且还会伤了和气，丢了订单。

销售心经

在很多销售员的心中，其实都有一个销售的误区，那就是客户越不认可自己和产品，就越争辩，好像这样才能真的"征服"客户。其实销售员要想成功赢得订单，在面对客户拒绝时最好不要针锋相对、据理力争，而应该先接受客户的观点，然后顺着客户的观点出发，用迂回的方式为自己正名，这样一来就有很大的概率改变客户的看法，从而扭转交易的局面，这样客户才能真正地被你征服。

既然与拒绝者争辩是销售员的第一大忌。那么，销售员应该如何避免争辩的发生呢？以下是两个参考要点：

1．不要刺激客户

在销售的过程中如果存在一些小问题时，千万不要去刺激客户。只要你刺激他，他肯定会产生逆反心理，从而彻底将事态扩大化。例如，如果你的产品没能达到客户预期的效果，他们就会觉得货次价高，为了发泄自己的不快，就会不自觉地抱怨几句。需要谨记的是，在这些时候，能忍则忍，所谓退一步海阔天空，你不会损失什么，而且不要搪塞客户所说的每一句话，如果被客户发现，销售也将必定失败。

2．提高控制客户情绪的能力

销售员要想有效遏制小问题演变成“激烈的争论”，还要提高自己控制客户情绪的能力。为了防止客户胡搅蛮缠，销售员需要用真诚的话语去引导和劝说客户，适时地扮演一下“老师”的角色，委婉地告诉他一些为人处世的道理。比如，让客户觉得自己其实是一个谦谦君子，不可以有某些粗俗无礼的言行举止，含蓄地告诉他们生气是没有什么意义的。如果是男士，就要用妥帖的言辞提醒他们争吵会大大降低一个男人的君子风度；如果是女士，同样要用委婉的话语提醒她们这十分有损一个女人的优雅气质。

销售精英小贴士

想要成为一名成功的销售员，就需要学会妥善地处理与客户之间的小问题，把客户反驳得哑口无言、无地自容，只能是两败俱伤，谁也不是真正意义上的胜利者。

设法让客户多参与

销售箴言

销售不是一个人的独角戏，只有让客户参与进来，才能实现心与心的沟通。

销售活动有两个主体，一个是销售员，一个是客户。组成销售活动的必要条件就是要“大家”一起参加，只有满足了这个必要条件，销售才能取得好的效果。反之，如果只是销售员一个人在那里滔滔不绝地对产品进行介绍，而客户只是随声附和的话，他们自然无法走进销售的情景当中去，其结果也是事倍功半。

一出“独角戏”，就算演员演技如何精湛，如果不能让“观众”参与其中，那么一定无法获得观众的认可和掌声。作为一个优秀的销售员，要想激发客户购买的冲动，就得设法让客户多多参与。销售活动离不开客户的参与，只有打破“独角戏”的模式，客户才会与销售员及其推销的产品有亲密接触的机会，这样心理距离也会就此拉近。

情境再现

阿玛诺斯是美国大名鼎鼎的推销行家。他年轻时就精明强干，不到几年的时间，就由一个小职员晋升到销售精英，再到后来的销售大师。

有一次，阿玛诺斯要推销一块土地。按照常规的推销模式，首先应该向客户介绍这块土地的优势，比如其升值空间如何、地价如何……但阿玛诺斯并不按照此方法推销。首先他很坦率地告诉客户说："这块地的四周有几家工厂，因此噪声较多，不适合建造居住房，价格也比一般的便宜。"

无论他把这块地说得如何不好，如何令人不满，但在最后，他都一定会邀请客户到现场参观。当客户来到现场时，发现那个地方和阿玛诺斯说得简直有天壤之别，不禁反问："哪有你说的那样吵，看着很不错啊。"

阿玛诺斯的做法得到客户一致的肯定，他们觉得能够让自己参与其中，做出自己的判断，是一件很有意思的事情！

情境分析

案例中，阿玛诺斯的高明之处就在于其让客户真正参与其中，从而对购买的土地有一个直观真切的感受，即便是阿玛诺斯把土地描述得多么不堪，客户也只会相信自己的眼睛，这对销售效果没有丝毫的影响，反而会让客户有一种眼前一亮，失而复得的欣喜。

销售心经

俗话说："耳听为虚，眼见为实。"一个产品或一件事情其精彩程度通过别人的语言再传送到自己的脑海中，难免会大打折扣，只有真真切切地看到、触碰到，才会印象深刻，才会更好地做出判断。因此，在销售活动当中，销售员要让客户能够看到、摸到、感受到你的产品，并且参与到你的销售活动中去，只有这样客户对产品的印象才会深刻，信任度才会提高。

从销售目的上来看，不管是以往的推式销售，还是现在的拉式销售，最终目的都是让推销的产品满足客户的需求。那么如何才能有效满足其需求呢？客户自己的感受才是最高的判断标准，没有人比消费者自己更了解自己的需求，只有让客户参与其中，才能明白其所需，投其所好。

一个经验丰富的销售高手懂得运用各种感觉来刺激客户，让客户“看到”“听到”“闻到”“尝到”甚至“感觉到”产品真实的一面，这样才会激发客户购买的兴趣。为了让客户更多地参与进来，销售员要善于引导客户亲自参与到销售和示范工作当中来，把“主角”的位置留给客户，销售员只需充当好“配角”，站在一边加以指导和说明即可。客户在参与的过程中，会获得最真实的感受，掌握最翔实可靠的资料，这样显然要比“销售员只是表演者，客户只能当观众”的效果要好得多。通常情况下，只要客户愿意试用，那么成交的可能性十之八九。

当然，有些商品和服务由于条件的限制，无法让客户在购买之前参与进来，比如说旅游项目。销售员当然没有办法将那些旅游景点“搬过来”让客户感受和触摸，遇到这样的情况，又该怎么办呢？“远观”“近玩”都是行不通的，最好的办法就是通过“想象”。销售员通过自己生动形象、绘声绘色的描述，让那些景点在客户的脑海中具体化，让客户产生一种身临其境的效果，这样也能使客户参与进来，使客户“看”到你说的话。人的想象力是很丰富的，只要销售员语言到位，相信一定能让客户获得一份犹如身临其境的感受。

销售精英小贴士

让客户参与其中，才能有效地激发客户的购买欲望。所以销售员要做的就是想尽一切办法调动客户的主观感受，让其具体地、真实地感受到产品的优越性和适用性。

积极回应客户的抱怨和投诉

销售箴言

积极处理客户的抱怨和投诉是建立客户信任的关键环节，也是销售服务的难点和重点。

所谓抱怨和投诉其实质就是客户对所使用的产品的质量、服务等感到不满时的一种发泄，是客户期望没有被满足的一种声明。

其实面对客户的抱怨和投诉，销售员无须恐慌，也不用担心客户的抱怨会给自己带来多么大的负面影响。要知道，就算是再优秀的销售员也不可能永远不发生失误。既然遇到，那么就积极妥善地处理，理智地化解客户的怨气，如果处理结果让客户满意，说不定还能重新赢得成交的机会。反之，如果销售员一味地为自己辩护或者推卸责任的话，只能使矛盾越来越尖锐，最后两败俱伤。

情境再现

销售员小李是一家医疗器械公司的销售员，其推销的对象大多是上了岁数的老人。有一次，小李给半年前买器械的客户焦大爷打电话回访使用情况，没想到焦大爷脾气十分暴躁，在接通电话的那一刻，就不停地抱怨产品的种种不好。

焦大爷:“我刚开始从你那儿买回来的时候，还觉得挺好的，但四个月之后，机器就开始出现问题了。时好时坏，反复无常，用起来很不省心。你们公司怎么能随便糊弄消费者呢？当初承诺得那么好，都是骗人的。”

小李:“哦，机器出故障也不是没有可能，您找过我们公司的维修部吗？这样的情况我们会上门免费为您维修的。”

焦大爷:“当然有。维修人员来了也一样，总是这个样子。最可气的是他们还倒打一耙，说我不懂得怎么操作，破坏了它的程序，真是太过分了，机器不好用能怨我吗？我之前用得很好，只是时间久了才这样，这很明显是你们的产品质量不行。”

小李:“嗯，如果我们的工作人员表现得不太好，请您见谅。我在这里替他们跟您说一声对不起。焦大爷，我想问一下您在使用之前看过产品说明书吗？”

焦大爷:“这东西这么简单，还用得着看说明书吗？”

小李:“当然要看的，不然也没必要每台机器都配说明书啊。有些机器操作时要求非常严格，一旦违规操作，就会影响其使用寿命，您这台机器大概就是这样的问题吧。”

焦大爷:“那怎么办？我平时都是这样用的。”

小李："大爷，您看这样啊，我们公司现在有一个以旧换新的活动，凡是售出半年以内的，都有资格参加这个活动。新产品在价格上比旧产品要贵些，但是功能完善和提升了很多，而且我们公司实行的是终身保修制，您也不用担心机器损坏会影响您的使用效果。只需在旧机器价钱的 80% 的基础上再补上新机器的钱即可，这样，无论是从经济上还是使用舒适度来说，对您都是极好的。您觉得我的这个建议怎么样？"

焦大爷："这还行，但是你们的新机器我必须先试用一段时间，否则我怕出现同样的问题。"

小李："这个自然，您看下午方便吗？我们会派人把机器送到您家里，然后撤走旧机器。"

焦大爷："可以，你们过来吧。"

情境分析

案例中销售员小李在面对客户焦大爷的抱怨时，并没有与其针锋相对，更没有推卸责任，而是连声致歉、耐心倾听，让客户把郁闷和不快的心情释放出来。待客户抚平情绪，回归理智之后，积极妥善地寻求解决问题的办法。首先他从客户在意的问题着手，适当合理地推销自己的另一款产品。这样既解决了客户眼前的问题，又推销出去自己的新产品，真可谓一石二鸟，自然巧妙。

销售心经

面对客户的抱怨与投诉，销售员态度积极很重要，掌握技巧更重要。在处理客户的投诉过程中，只有将二者巧妙地融为一体，才会有一个更好的处理效果。

1．平息怒气

通常客户会带着怒气投诉或抱怨，这是十分正常的现象。对此，销售员首先应当态度谦和、语气温婉地接受客户的发泄，并且还要引导其讲出原因，然后再针对问题进行解释和解决。这种方法适用于所有抱怨和投诉处理。处理的过程遵循三个步骤：一倾听，二表态，三承诺。

2．委婉否认法

委婉否认法的表达句型为“是……而……”，这种方法是当客户提出投诉后，销售员首先认同客户的说法，然后再表达自己的看法。不过，这种方法适用范围比较窄，只能适用于那些主观意识很强，且想法有误的客户。

3．转化法

转化法处理那些由误解所导致的投诉或抱怨，效果颇为明显。在处理的过程中，销售员应当首先让客户了解导致问题的根源，当客户明白事情的前因后果之后，问题也就迎刃而解了。销售员在使用此方法时的要点是轻松自然、心平气和，不能当面驳斥对方，而应旁敲侧击、启发和暗示。

4．承认错误法

如果客户的抱怨和投诉是由产品的质量、服务引起的，就应当承认错误，并争取客户的谅解，推卸责任或者寻找借口只会激化矛盾。因为过错在销售员一方，任何狡辩的说辞都毫无意义。正确的方法是首先承认错误，接着在明确承认的基础上迅速解决问题。解决问题的时候，销售员态度越谦逊，处理问题越积极，越容易得到客户的谅解。

5．转移法

有时客户提出投诉本身就是无事生非、无端生事，或者比较荒谬，这时销售员最好不要和其纠缠，迅速转移话题，使客户感到你不想与他加剧矛盾。这种方法只适用于无事生非型客户，但销售员在使用时要把握好尺度，以免使客户有被冷落的感觉。

6．幽默法

幽默法是运用幽默语言或动作表示道歉，并得到客户的谅解。幽默是缓和气氛的最佳武器，会心一笑，客户心中的不满和抱怨也许就此烟消云散。

销售精英小贴士

客户的抱怨和投诉直接关系到其满意度和忠诚度，所以销售员一定要端正自己的态度，以一个积极的姿态有技巧地处理客户的不满情绪。不同的抱怨有不同的处理策略，大家在处理的过程中要灵活使用。

第六章

让客户不得不听的产品介绍心理学

产品介绍是销售员入门的必修课，也是最基础、最重要的技能。要想取得良好的介绍效果，销售员需要掌握一定的介绍技能，否则无法激发客户的购买欲望，更加无法获得客户对产品的认可。

最牛的参照能让客户尽快接受你的产品

销售箴言

参照物是促成客户购买产品的助推器，可以加快其购买的速度。

有人说："幸福是一个比较级，当有东西垫底的时候才会有幸福感。"其实这里的"垫底的东西"就是一个参照物。同样的道理，在销售的过程中，客户也需要有一个"垫底的东西"作为参照物，这样可以起到非常好的说服效果。

情境再现

黄伟庆是中国香港的一代保险宗师，他曾经创建了年收保费数亿元的惊人业绩。其中"救生艇"推销保险的案例广为人知。

一天，黄伟庆同莫先生乘坐渡轮去九龙。路上，黄伟庆熟练地向莫先生介绍着他的产品。莫先生听完介绍后婉然拒绝，他觉得自己财力雄厚，根本没有买保险的必要。

遭拒后的黄伟庆愣了一下神，眼看船就要到岸了，仍然没有想出让眼前这位财大气粗的莫先生投保的办法。这时，码头的"伊丽莎白二号"突然闯入黄伟庆的视线，他不觉眼前一亮，回头面带微笑对莫先生说："莫先生，您博闻多见，我有个问题想要请教一下，可以吗？"

"什么问题尽管提出来。"莫先生欣然应答。

黄伟庆指着"伊丽莎白二号"说："您看，那艘巨大的轮船，行驶的时候一定很稳很安全吧？它发生安全事故的概率应该不高吧。"

"是的，我看很安全，不会有什么事发生。"莫先生答道。

"那我就不明白了。莫先生，您看，它上面装了足有20多条救生艇。既然它不会发生危险，那么准备这么多救生艇有什么用呢？况且20多条救生艇压在上面，会大大增强它的负重感，这不是多此—举吗？真的是很奇怪，请您告诉我其中的道理，好吗？"

莫先生是个聪明人，一下子就听出了黄伟庆的言外之意。他再次仔细打量了一下面前的黄伟庆，笑道："有你的，明天早上到我办公室来吧。"

就这样，一个看似不需要买保险的大客户最后却签了一个大保单。

情境分析

很多时候，销售员如果只是平铺直叙地介绍产品的种种好处，客户未必埋单。但是假使销售员能转变销售策略，借助参照物来做对比，客户反而能更深刻地意识到产品的重要性。案例中，参照物"伊丽莎白二号"就帮了黄伟庆一个大忙。

销售心经

《荀子·劝学》有过这样一句话："君子生非异也，善假于物也。"其实借力打力未尝不是一个销售的好办法。这里“借力”的“力”我们可以理解为参照物，借助参照物这一有利的条件可以让销售话术更为生动、形象，更容易激发客户了解的兴趣。此外，通过参照物可以将产品的性能与客户的需求联系起来，让客户感受到产品对于自己的重要作用。这样客户会更容易接受你的产品。

借助参照物推销产品，销售员还需要注意以下 3 点。

（1）用来做对比的参照物务必具体形象，而且还要贴近生活。如果是抽象的东西可能给客户的理解造成障碍。当然，如果可以想到让客户感同身受的例子那就再好不过了。但记住千万不要使用“不合逻辑”的例子，否则会大大降低推销的可信度！

（2）销售员借助参照物的时候，要将参照物巧妙地融合在聊天的过程中，等待时机，看准机会，貌似不经意间说出这种自然、贴切的参照物比较容易打动客户。

（3）推销过程中，销售员面对的是不同的客户，所以参照物也要根据客户的性格和爱好选择，这样才能投其所好。假使销售员缺乏针对性地胡乱做对比，极有可能引起客户反感，弄巧成拙。

销售精英小贴士

为了让客户尽快接受产品，销售员在推销的过程中可以借助参照物。不过参照物的选取不可随心所欲，只有贴近生活、具体形象、符合逻辑的参照物才能激发客户购买的欲望。

产品展示的“冲击力”就是客户的心理购买力

销售箴言

展示产品可以有效调动客户的感觉器官，有利于增强其购买决心。

产品是最直接的刺激物，销售员可直接利用产品吸引客户，其做法是让客户看产品，让产品自己推销自己。如果销售员只是单纯地向客户介绍产品功效有多么强大，产品质量有多么好，难免有自卖自夸的嫌疑，其推销效果就会大打折扣；反之，如果改变方法，将产品展示一遍，给客户一个亲身体验的机会，充分发挥其视觉、听觉、嗅觉和触觉的功能，就可以增强销售的说服力，激发客户购买的冲动。

情境再现

小宋是某清洗剂品牌的销售员。一直以来，他自觉能说会道，但是销售业绩却不尽如人意。一天他又到某小区推销自己的产品。

小宋：“这位大姐，您瞧瞧，我给您推荐的这个牌子的清洗剂特别好用，它洁净温和、泡沫柔细、迅速分解油腻、快速去污、除菌，能够有效彻底清洁，没有任何残留，最重要的是对皮肤没有一点儿伤害……”

客户：“小伙子，打住，有哪个卖东西的会说自己的产品不好？”

小宋：“大姐，我说的是真的！您不信买一瓶回家试试！”

客户：“你当我傻啊？如果买回家不好用，那我不是白花钱了吗？”

……

推销路上不断受挫的小宋非常痛苦、迷茫，后经高人的指点，他才恍然大悟。

小宋以后每次推销产品之前都会故意将衣服弄脏，然后现场演示，用他的清洗剂洗干净，结果立刻引起了客户的关注，慢慢地他的产品也逐渐打开了销路。

情境分析

产品展示是一种有效的销售策略。案例中的销售员小宋“以身试品”，清洁剂在实验的过程中可以给客户一个视觉上的冲击力，使得产品更为真实可信，同时还很容易引起客户的共鸣。这与之前毫无新意的产品介绍所收到的成效形成鲜明的对比。由此可见，产品展示法可以增强客户的购买决心。

销售心经

为了让客户最大限度地了解产品，接受产品，销售员在介绍的时候，要充分利用产品展示的“冲击力”。示范时采用一些有趣、富有戏剧性乃至惊险的动作，可以有效地吸引客户的注意并引起兴趣。这是任何语言宣传所不能及的。

通常，销售员每次展示都应该有明确的目的。要知道展示只是一个辅助手段，客户的需求才是购买的关键，所以为了有效满足客户的需求，展示前应该给客户留出足够的时间提问题，客户关心的问题往往就是其需求所在。示范结束后，要归纳一下客户刚才所看到的一切，并重新强调产品的优点，然后征求客户的意见，以确认其是否被产品的特性和优势所打动。

为了有效激发客户的购买决心，销售员的产品展示要尽可能地让客户参与其中，因为这样才更能增加客户对产品的关趣。不过对于一些新产品，尤其是技术性较强的产品展示，让客户动手就不太明智了，因为一旦他们发现使用起来很困难，就会大大挫伤其购买的积极性。这里有一个小诀窍，销售员仍然可以让客户参与其中，只是操作面积要缩小，比如，可以让客户按一下机器上某个按钮或动一下某个机件，能增强其感官体验即可。

在示范时，客户能否对产品留下深刻的印象主要看销售员的言谈举止。因此，在操作时，销售员要特别规范自己的言行，应尽可能地让客户对产品产生认同，对自己产生信心。比如，如果你推销的是耀眼的钻戒，在展示时，必须非常谨慎细致，只有这样客户才能对产品留下“贵重”的感觉。

销售精英小贴士

为了让产品展示更为有效，销售员首先应该明确客户的需求，其次要尽可能地让客户参与其中，最后销售员还要注意自己的言行举止。

讲一个美丽的故事让客户产生遐想

销售箴言

一个美丽的故事可以为客户插上想象的翅膀，从而使其对产品产生浓厚的兴趣。

为了更好地促成交易，销售员可以通过语言、影音等故事手段，激发客户的想象力，进而促使其产生购买产品的兴趣。一般来讲，一个顶级的销售员同时也是一个讲故事的高手。他们的销售故事包括：

真实的成功客户个案；

客户购买后的愿景；

销售员根据商品独特卖点设计的小故事；

销售员为引起客户注意而设计的故事；

销售员为化解客户异议而设计的故事；

关于企业愿景的故事；

关于企业光辉历史的故事；

关于企业创始人的故事；

关于商品背后的文化背景的故事；

……

情境再现

夏琳是某名牌化妆品的销售员，也是大家心目中的“故事王”。她的销售业绩之所以一直领先于其他柜台的销售员，很大程度上归功于她那张会讲故事的嘴。而且夏琳还可以根据客户的不同消费心理讲不同的故事。

比如她发现客户A的购买动机是安全感：因为她的肤质先天性容易过敏，所以对化妆品的无添加性能要求很高。

她的故事版本是这样的：“我有一位老客户跟您的肤质非常相似，她的皮肤也非常敏感，轻易不敢试用化妆品。不过，我给她推荐了一款纯天然植物，无添加的保湿洁面乳。她鼓足勇气试了一下，还真没有过敏反应，就买了一整套。所以，您不妨试试这款产品，这份宣传单上有对商品成分的详细介绍。在服务过那位客户后，我对敏感皮肤也积累了一些知识。今天遇到您真是太高兴了，我可以把这些知识毫无保留地告知给您。”

而客户 B 的真实购买动机则是归属感，她购买高价化妆品的目的是对自己的社会角色、身份找到认同感。所以夏琳的故事版本是这样的：“没有人说你和某明星长得很像吗？我觉得你们俩的容貌和气质非常相似，你的一颦一笑都有她的影子。真的，你看，她也是我们这个牌子的口红的使用者和形象代言人。如果你有兴趣的话，不妨看看我们的宣传折页，很多社会知名女性都是我们的忠实客户，而且她们也愿意站出来为我们的商品代言。我觉得您明媚皓齿、气质绝佳，如果选择这款口红，气场和魅力绝不输于她们。”

情境分析

销售员夏琳之所以能取得成功，很大程度上是因为她可以根据客户购买心理设计故事，以情动人，把客户情绪的量和度把握得非常精准。这种“量体裁衣”式的故事编造法正好迎合了客户的心理需求，因此，成功销售也不足为奇。

销售心经

销售员要想让自己的产品介绍引人入胜，一定要学会讲故事。顶尖销售高手通常都是讲故事的高手，那么销售员如何讲好销售故事，让客户遐想连篇，欲罢不能呢？

1．好故事主题要让人听得懂

讲故事其实就跟写文章一样。想要写好一篇文章首先需要确定这篇文章的中心思想，想要讲好故事首先需要确定故事的主题是什么。销售员要想取得一个良好的介绍效果，首先要确定自己推销的方向，然后故事的中心主要是根据销售的方向而定的。

在跟客户讲销售故事的时候，销售员首先要明确故事的主体是关于人物还是产品。故事的开头可以这样组织语言，比如“我曾经遇到过一位跟您有同样想法的客户。”“为什么我们的产品要设计成这个样子呢？”“我们的 24 小时上门服务是怎么做到的呢？”这种提问式开头可以更好地吸引客户的注意力，让他跟着你的节奏慢慢进入故事情境。

2．好故事内容要能够制造冲突

如果销售员讲的故事平铺直叙，毫无波澜，显然无法引起客户的兴趣。一个能引起客户遐想的故事里面需要设置一些冲突。此外，好的销售故事应该是基于客户的真实情境，具有很强的代入感，这样既能够巧妙地把客户内心深处的真实想法说出来，又能够给客户留足面子，从而达到很好的说服效果。

在制造情节冲突的时候，有一个常用的方法，就是告诉客户以前有个老客户没买产品之前，生活如何不便利，有哪些方面的困扰，后来由于买了这款产品，其生活发生很大的改观。

3．好故事要能够给客户创造画面感

给客户创造画面感，可以引发客户的遐想，更容易打动客户。当然了，销售故事不允许长篇大论，因为客户没有那么多的时间听你描述。所以，销售员要想让故事有画面感，就得在明确销售目的的前提下，将一件看起来非常复杂的事情简单地用一句话，甚至用一个词就巧妙传神地概括总结出来。

著名的营销专家爱玛·赫伊拉说："我们不是卖牛排，我们卖得是牛排的吱吱响。"这句话虽然简短，却可以给客户一种听觉的刺激，客户由听觉继而联想到视觉、味觉、嗅觉等，这样就大大提高了产品介绍的吸引力。

销售精英小贴士

销售是一个极具挑战性的职业，它考验的是从业人员各方面的能力。销售员要想把客户的注意力吸引到产品介绍上来，就必须推陈出新，提升自己讲故事的能力，只有这样才不至于让客户失去倾听的兴趣。

定价定得巧，客户才会果断掏钱

销售箴言

产品定价是一门技术活，它影响着客户的购买，更关系着销售的成败。

产品的定价对于销售员而言至关重要，它既影响着公司的利润，又影响着消费者的购买。对于公司来讲，肯定希望产品的售价抬得越高越好，而作为一名客户则希望产品的价格压得越低越好。那么产品如何定价才能左右逢源，既使自己有利可图，又使客户心甘情愿、痛痛快快地掏钱呢？这对于销售员来讲都是一个大的考验。

情境再现

一个美国商人从国外购进了一批做工精细，质量上乘的礼帽，为了打开产品的销路，商人没有把帽子的价格定得太高，只是和其他普通的礼帽一样的价格区间，可帽子的销量却并没有预期得那么好，这让他感到非常诧异，因为这批礼帽真的是非常精致、漂亮，而且售价也不高，为什么如此物美价廉的产品没有竞争优势呢?

一天，这个商人生病了，他委托同样做小生意的邻居帮他代卖这些礼帽。但是，这个邻居在销售时不小心把12美元的价格看成了120美元。出人意料的是，帽子竟然遭到购物者的疯抢。

原来，高价吸引来了大家的目光，而精美的商品让大家觉得值这个价钱，120美元让大家更加相信帽子的质量。还有一点就是出售帽子的地方正好是有钱人聚集的场所，这里的客户不在意产品价格，只关注产品的价值。于是，合适的商品在合适的地点以合适的价格顺利地全部卖出。

情境分析

很多人往往容易陷入这样一个销售误区：产品价格越低，卖得越好。从上述案例中，我们可以看出产品定价不是越低越好，那样不仅会让商家无利可图，还可能费力不讨好，让客户低估了商品价值。现在很多销售员大多都把自己的注意力放在产品质量的介绍、产品销售渠道的拓展上面，却没有过多在意产品价格的制定。其实，这是一种错误的营销理念。商品定价是很有学问的，合理的定价可以让你获得更高的利润与市场认同。

销售心经

销售员在给商品定价时，该如何定出最适合的价格，既能帮自己赚足利润，又能让客户果断掏钱？

1．战略决定定价

产品是想薄利多销，还是想让利润最大化，或者是想打击竞争对手，这一点必须要先明确。因为战略不同，定价完全不同。比如，销售员制定的是低利扩大销售的策略，那么就要降低自己的价格，提高产品的销量，以增加总体的收益。不过这种营销策略适合普通的消费群体，一般销售水平不高的人才会选择价格低廉的产品。

2．锁定客户群

客户的需求是什么？价值取向是什么？客户的价格敏感度如何？客户的消费档次不一样，对价格敏感度也不一样。在明确了营销目标以后，销售员还必须对客户要求、产品质量、产品价格及客户感受的产品价值有一个全面的把握。产品的定价一定是各方面权衡后的一个结果。定价一旦确立，会在客户的心目中树立一个形象。比如产品是低端、高端，还是中端。产品价位不同，客户的购买认知也不同。

3．计算成本

产品的价格是根据其价值而定的。要想预估产品的价值，需要从其制造成本开始算起。产品的成本包括：产品的原材料成本、投入员工成本、后期服务成本。销售员需要切记的是，不可忽视产品的无形成本。此外，定价一定不要低于成本，否则你会陷入恶性竞争的泥沼，赔得血本无归。

4．分析竞争情况

产品的定价还要考虑竞争环境、竞争对手、竞争策略等因素。实践经验表明，销售员定价取一个市场中间价位或者中上等水平比较好。

5. 做出定价方案

一般而言，定价方案包括差异化定价、特价定价、折扣定价、小数点定价等。选择哪种定价方案，销售员需要根据当时的具体情况来定。

6. 精确报价

（1）很多产品不要轻易先给客户报价，首先摸清客户的心理价位，然后说出产品的报价；

（2）如果是大宗交易，还可以在谈判时加一个中间人，不要轻易给客户降价；

（3）在客户第一次砍价的基础上还可以加价；

（4）当客户向你砍价时，深度挖掘了自己的价值，增加产品的附加值；

（5）每次降价的金额依次递减，让步一次要比一次小，这样客户才会确定你已经竭尽全力了。

销售精英小贴士

产品的定价关系着推销的效率，销售员一定要全面掌握各个产品定价方略。只有产品价格定得合理到位，客户才会愿意主动掏腰包为你的产品埋单。

“不算缺点的缺点”会让客户更加信服

销售箴言

“欲扬先抑”的产品介绍法可以缩小产品的缺陷，增加客户的信赖程度。

在产品介绍的过程中，销售的技巧往往体现在细节方面。面对产品的缺陷，如果销售员避而不谈，有悖于诚信理念，客户会觉得你不够诚实。如果说了缺点，但方式不恰当，就会在无形中降低客户的购买欲望。因此最好的方法就是坦诚地交代缺点，然后交代清楚问题产生的原因。比如“这个厨房虽然面积小一些，但这是为了给客厅创造出更大的面积。”这种“不算缺点的缺点”不仅不会引起客户对产品的反感，反而会加深其认可程度，觉得这样的缺点情有可原。

情境再现

客户：“这条裙子的腰身部分我不太喜欢，两片黑布缝上去分外扎眼。”

销售员：“大姐，这是一个修身的设计理念。您设想一下，如果单纯用白色或者黑色的布料制作而成的话，它起不到这样的收腰效果。只有黑白相间的设计才有拉长视线的作用。您对着镜子，仔细观察一下，与别的衣服相比，您的腰是不是瘦了一圈。”

客户：“呃……还真是这么回事！”

销售员：“虽然您不喜欢黑白相间的设计理念，但是我觉得这个款式确实很适合您这样体型微胖的客户购买。别的裙子穿起来都没有这件效果好。”

客户：“你说得对。虽然看起来有点别扭，但穿得好看才是王道，我就买它了！”

情境分析

案例中的客户觉得黑白相间的设计理念是裙子的缺陷，但是这种缺陷正是为了修身效果才导致的。所以，聪明的销售员用“不算缺点的缺点”回应了客户的质疑，客户自然也很容易理解其中的原因，于是欣然做出了购买的决定。

销售心经

销售员在介绍产品时有必要“扬长避短”，但是“避短”并不是否认缺陷的客观存在，而是要在适当的时候委婉地解释清楚导致缺陷的原因。这样，客户反而会因这种坦白相告而对销售员产生信任和好感，并因为情有可原而坚定了其购买的决心。当然，如果客户还是不能接受这种“不算缺点的缺点”，那么销售员就需要从以下几个方面开展说服工作。

1．转变客户的观念

对于挑剔型客户，销售员要适时地给客户灌输“适合的就是最好的”理念，告诉客户天下没有完美无缺的产品，如果碰到适合自己的，就抓紧机会。即使产品有缺点，但最契合客户的购买需求。

2．优势淡化缺点

销售员在介绍产品时，应重点介绍产品的优点，围绕客户需求，将产品的整体优势突显出来，以此来弥补其存在的缺陷。比如，当客户发现空调“制冷速度慢”的缺陷时，销售员就可以说：“没错，但是这并不影响您的正常使用，而且其耗电量也比较小，价格比同类空调便宜 500 元，厂家还提供 5 年的免费维修服务。”一个“但是”的转折，其优势就会被无限地放大，缺点会锐减三分。客户会因为优势光环的笼罩，渐渐淡忘和忽视了缺点的存在。

3．曝短，宜少不宜多

对待眼光挑剔的客户，销售员不用急着把产品的缺点一一罗列出来，然后摆在客户的眼前。要知道每个人都喜欢完美的产品，如果产品瑕疵少还可以接受，但是如果过多肯定难以接受。所以，销售员在介绍产品时，对于明显的“短”一定要主动“曝”出来，对于那些微乎其微的“短”，不必悉数坦白交代。

此外，在自曝其短时，销售员最好做到先对产品的缺陷进行说明，然后转入产品优势的介绍，这种“先抑后扬”的做法，既凸显了销售员的诚信，又极大地打消了客户对产品的质疑，一举两得。

销售精英小贴士

产品的介绍既检验销售员的诚信度，又考验其营销技能。因此销售员最好不要“护短”，有技巧地让客户了解产品的缺陷才是明智之举。

为客户编织一个拥有后的美梦

销售箴言

销售员可以通过对产品优点的假设性描绘给客户营造一个拥有后的美梦。

有人说：“一流的销售员销售的不是产品，而是一种理念、一种心情、一个梦想。”销售员可以利用这个全新的营销理念，为客户造梦，打造一种体验式的销售模式。客户购买的不仅仅是产品和服务，更是精神上的满足，而为客户编织一个拥有后的美梦正好可以满足客户的这种精神需求。

情境再现

李冰是一家房产公司的售楼员，有一天她带一个客户去看房。

李冰:“陈女士，聊了那么久，我发现您对房子的环境和视野挺看重的，这套房子是我根据您的需求精心挑选的，相信您肯定会喜欢。您可以到阳台走走，感受一下。”

陈女士:“嗯，客厅很宽敞，我很满意。阳台的光照也很充足，从这里看下去，视野也很开阔，真不错！”

李冰:“对啊，而且我听说您和您先生都喜欢阅读，我觉得您可以在阳台上放一对藤椅。在阳光充足的午后，坐在藤椅上，捧一本书，放一杯茶，看看书，聊聊天，一边沐浴着温暖的阳光，一边品读着散发着墨香的文字，生活别提有多惬意了。”

陈女士会心地点点头，转身又来到了卧室。

李冰:“我们再来看看卧室。这两间卧室都是朝南向的，光线充足，明亮温暖。您和爱人住一间，您的儿子住一间。这样既给了您二人一个私密空间，还可以培养孩子独立生活的习惯。这样的房屋格局非常适合您一家三口居住。”

陈女士:“这房子我看着也挺满意的。那咱们直接谈谈具体的合同吧……”

李冰:“好的，您这边请。”

情境分析

一个优秀的销售员，往往懂得为客户编织一个拥有后的美梦。案例中的销售员李冰就是一个造梦高手。首先她假设客户已经购买了房屋，然后用生动形象的语言为其勾画出了一幅悠闲自得的品茗读书图，让客户听着好不惬意！从而为购买奠定了良好的感情基础。

销售心经

销售员给客户编织一个拥有后的美梦，不但可以使其体验产品带来的诸多享受，还可以激发其购买的欲望。那么销售员如何给客户造梦呢？以下是相关的注意事项。

1．符合客户的向往

所描绘的场景、营造的感受必须符合客户心中的向往。如何揣测客户的所思所想，它考验的是销售员看人识人的本领。客户的喜好和需求可以根据他的身份、年龄、性格等特征去判断，而场景则需根据他们的喜好和需求加以营造。

2．随时观察客户的反应

客户的反应是其心理活动的具体体现。随时观察客户的反应可以及时发现问题，随时调整描述。如果客户随着你的描述表现出愉悦、激动的表情，说明你的描述满足了他们的心理需求，因此他们正陶醉于你营造的梦幻场景中；相反，如果客户表现出冷漠、不屑的表情，或者对你的描述充耳不闻，那说明描述没能引起客户的兴趣，此时，销售员需要寻找其他营销技巧宣传和包装自己的产品。

3．描述时多用形容词

形容词有很好的渲染、修饰作用，描述的过程中较多地运用形容词，可以使销售员的描述更加形象、生动、吸引人。当然，这些形容词要是积极的，这样客户才能从中汲取幸福温暖的力量。

4．描述时要进行场景的对比

将销售员描述的能带给客户幸福体验的场景与其他没有这么多幸福感的场景做对比，在对比中凸显产品的优点，这样可以增强描述的感染力和说服力。

销售精英小贴士

在销售的过程中，销售员可以发挥自己的想象，给客户编织一个拥有后的美梦，使其在想象中陶醉于产品的功用，进而增强产品介绍的说服力，赢得客户的认可。

第七章

讨价还价是一场心理拉锯战

价格是个很敏感的词汇。销售员和客户都想赢得自身利益的最大化，因此讨价还价在所难免。销售员要想在这场价格大战中取胜，就必须掌握一些讨价还价的技巧，还要拥有良好的销售态度，只有这样才能让客户找到心理平衡，从而实现双方对产品价格的一致认同。

客户的拒绝是成交的第一步

销售箴言

没有拒绝就没有成功，客户拒绝是成交的第一步。

作为一名销售员，无论推销哪种产品，都摆脱不了客户拒绝的阻力。尤其是销售进入讨价还价的阶段，客户往往会因为产品的价格频频拒绝销售员成交的请求。对于销售新人来讲，如果碰到疯狂砍价的客户，一定会认为客户没有购买的诚意，进而果断放弃。然而对于经验丰富的销售员而言，他们知道客户的拒绝或者挑剔行为只是压价的一种手段。所以不会轻易放弃，而是会接着客户拒绝的观点继续进行推销，这样就为双方赢得重新合作的机会。

情境再现

销售员："关于这批产品的具体情况您也基本了解了，不知道您有没有合作的意向？"

客户："不好意思，你的价格过高，超出了我们的预算。能不能再便宜一些？"

销售员："我们的产品已经比市场价格低2%，如果再给您优惠，我们的生产成本都收不回来。”

客户：“那我们就不考虑购买了。”

销售员：“咱们为这个单子也浪费了很多的时间，工厂也花了不少的成本和精力，是不是可以再争取一下。如果全部接受有难度，是不是接受其中的一部分，其他的留到下半年再谈。”

客户：“你说的也有道理，不过决定权不在我这儿，我需求回去和李总商议。”

情境分析

每一位客户都有拒绝的权利，销售员虽然不愿意碰到拒绝，但是却不得不坦然地面对。案例中客户拒绝的理由是超出预算，对此，销售员并没有彻底失去合作的希望，而是尽自己最大的努力去争取：第一，通过数据告诉客户，这个购买价格非常划算；第二，给客户出谋划策，提供解决问题的办法。这样一来，既使得客户无可辩驳，又为重新合作带来转机，可谓是一箭双雕。

销售心经

人人都怕买东西花冤枉钱，所以在下决心购买之前都会存有各种各样拒绝的理由。销售员要想成功赢得订单，最好不要在讨价还价的过程中针锋相对、据理力争，而应该先接受客户的观点，然后顺着客户的观点出发，与其进行深入的交流和探讨，朝着彼此认可的方向努力，这样一来就有很大的概率改变客户的看法，从而扭转交易的局面。

拒绝处理的技巧参考如下。

1．学会聆听

拒绝只是客户习惯性的反应动作，销售员要细心聆听客户的拒绝理由，不要让客户觉得自己没有受到尊重。

2．巧妙处理客户的拒绝

有的时候危机往往也意味着转机。客户各种各样的拒绝理由往往是为讨价还价做准备，通过“二择一法”找出客户拒绝的真正原因——砍价。待销售真正进入讨价还价的阶段，销售员不可马上松口，否则客户会觉得你仍然有很多让利的空间，这样接下来产品的价格就会被越压越低。此外，销售员永远不要在客户面前显示出急躁的心态，你越着急，客户就越会砍价。

必要的时候，销售员还可以采用拖延战术，关于价格的谈判，未必要当天回复。此外，销售员还可以换位思考，把自己想象成客户，站在客户的立场上揣测客户的心思，说不定就能找到销售的突破口。

销售精英小贴士

遇到客户的拒绝，坚持是制胜法宝。此外，销售员还要懂得聆听客户的心声以示尊重。当然，最重要的是掌握讨价还价的技巧，这样才能把客户拒绝的危机消除。

讨价还价一定要有耐心

销售箴言

胜利的道路往往迂回曲折，销售员在讨价还价时一定要有耐心。

凡是做销售的人都会有过客户讨价还价的经历。从集贸市场几毛钱的小菜生意到工商企业间上百万元的巨额交易，买卖双方总会无可避免地为成交价格纠缠不休。许多销售员由于没有讨价还价的耐心，要么丢掉了订单，要么订单虽然做成了，却已经没有了利润，只好自己安慰自己，就当作交了一个朋友。其实在这个心理拉锯战中，考验的不仅仅是销售员的营销技能，更重要的是销售员的耐心。

情境再现

某服装店走进来一对情侣，女孩一眼相中一条长裙，男孩一看标价，1 000元，觉得有点承受不起，可是看到女朋友渴望的眼神，只好跟销售员杀价了。

男孩："这套衣服太贵了，能不能便宜点？"

销售员："不贵！这可是今年新上市的新款，而且又是知名品牌，所以我们进货也不便宜！如果你有诚意购买，我可以给你打个九五折。"

男孩："七折可以吗？"

销售员："不可能！要是那么便宜卖给你，我就赔惨了！这样吧，看你那么有诚意，我就给你九折！你赶紧掏钱吧！"

男孩："九折太贵了，最多七折，卖不卖？"

销售员："最低九折！再少一分钱都不卖！如果你能接受，那咱们就成交。如果不行，那就拉倒，总不能让我们亏钱吧！"

听完这话，男孩二话不说就拉着女孩径直走出了店外。

情境分析

有一句话叫:“心急吃不了热豆腐。”案例中，正是由于销售员在讨价还价的过程中没有耐心，导致自己白白丧失了成交的机会，实在可惜。其实就算九折是销售员的价格底线，那也不能采用如此强硬的语气和急切的态度对待客户，这样两败俱伤的结果非智者所为。

销售心经

在讨价还价的过程中，为了达到占小便宜、得到实惠的目的，客户会用各种手段来考验销售员的耐性，观看销售员的反应，一旦销售员立场发生动摇，他们就会乘胜追击，步步紧逼。

此时，销售员千万不可因为急于成交，就盲目降价。当然也不可急躁、倦怠，感情用事，给客户很强的压迫感。要知道急躁是一种不良的情绪，它既影响了正常的工作心态，又会使得客户反感，最后只会引来许多不必要的麻烦，对销售没有任何帮助。所以，销售员要保持一种积极的心态和不急不躁的情绪，化解各种危机，使自己在销售的最后时刻依然游刃有余，这样成功的概率自然会大很多!

1. 持一种镇定沉稳的态度

有些销售新人经验匮乏，不善于讨价还价，而面对的客户却经验丰富，他们会用拖延的手段打破销售员的心理防线，一再挑战产品的价格底线，他们有充分的时间和耐心与销售员一决高下。此时，狭路相逢有耐心者胜。销售员越是镇定自若、耐心沉稳，就越容易打击客户讨价还价的信心。当然，销售员也不能一副“不买拉倒”的模样，这样不利于销售的顺利推进。

2. 提出自己的交换条件

当客户向销售员发出降低产品价格的信号时，销售员不要因为投鼠忌器，就立马做出让利的决定，而应该和客户进行周旋，针对客户提出的条件，摆出自己相应的交换条件，这样才能实现互利共赢。

3．小恩小惠满足客户心理

客户想方设法地探明商品的价格底线无非是希望占更多的便宜，得到更多的实惠。因此，在讨价还价的过程中，销售员在不损害自身利益的前提下，可以适当地做出让步，以满足客户心理。值得注意的是，销售员在让步的过程中不能急于求成，一次后退一大步，这样客户不仅无法获得占便宜的成就感，反而会有一种上当受骗的感觉。因此，销售员要多一点耐心，把这种让步分为多次，每次让步一点，这样客户就会觉得你做了很大的让步，内心也会愉快地接受产品。

销售精英小贴士

"小不忍则乱大谋"。急躁的小猫是无法钓上大鱼的。同样的道理，在讨价还价的心理博弈中，销售员也要保持足够的耐心，这样才能在议价中坚守住自己的防线，保障自身应得的利益。

设法让客户敞开心扉说出自己的报价

销售箴言

销售员要想取得与客户议价的主动权，首先需要设法探知客户的心理价位。

有的时候，产品交易就像谈恋爱，只有对彼此之间的家庭状况、收入水平、兴趣爱好等都有一个相当透彻的了解，才能走向谈婚论嫁的地步。只不过在讨价还价的关键阶段，销售员要想取得有利战机，首先需要想方设法探明客户的底细，让客户敞开心扉说出自己的报价，这样才不至于让自己陷入被动的不利局面。

情境再现

销售员:“先生,母亲节快到了,买一个按摩仪送给妈妈,最合适不过了。”

客户:“嗯，我正有此意。”

销售员:“那您想买什么类型的按摩仪，是单一功能的还是多功能的呢?”

客户:“当然是功能越多越好了。”

销售员:“您真的很有孝心。爸妈年纪大了，腰酸背痛也是常有的事儿，作为子女的我们又不能常伴左右，买一台按摩仪回去，可以帮老人缓解疲劳、减轻酸痛。”

客户:“嗯，对，我也是这样想的，不过我希望买一个操作程度比较简单的，这样老人家用得也方便一点。”

销售员:“先生，您不用担心这个问题，在设计按摩仪时我们公司已经做了周全的考虑。您看，我手中的这款按摩仪操作起来就非常简单，它充分考虑到老人的特殊需求，只需选择按摩部位，仪器就会自动帮您选择好按摩的模式和时间。”

客户:“目前哪些牌子的按摩仪卖得比较好?”

销售员:“先生，现在市场上有很多比较热销的按摩仪品牌。我手里拿的这个牌子是口碑最好的。这个品牌的按摩仪价格是根据其款式和功能来定的，最低五六百元，最高2 000元。不知道您想要一个什么价位的按摩仪呢？”

客户：“目前哪个价位的按摩仪比较受欢迎呢？”

销售员：“从目前的销量来看，这款价格1 000元的按摩仪卖得最好。因为它是一个德国品牌，全方位模拟真人按摩，低频诊断特别适合老年人，而且价格适中，所以广受消费者的喜爱。”

看到客户有些犹豫，销售员又问道：“您想买什么价位的呢？”

客户：“说实话，我想买一款价格在600～800元的按摩仪。”

销售员：“那我手中的这款最适合您了。您看……”

最后，销售员根据客户的心理价格，再结合产品的优势，成功地将那款按摩仪卖给了客户。

情境分析

在与销售员进行洽谈时，有些客户不喜欢一开始就自曝底牌，这时销售员就得学会巧妙提问，从提问中将客户的心理价位挖掘出来，让客户主动敞开心扉，说出自己可以接受的报价。就像在本案例中，销售员在销售刚开始用赞美的语言加深了客户想了解和购买产品的兴趣，之后再从热销品牌的按摩仪着手，通过提问的方式探明客户的心理价位，最后顺利地将产品卖给了客户。

销售心经

在讨价还价的过程中，销售员不要贸然报价，而应先探明底细，了解客户的心理价位，这样才能起到先发制人的效果。不过销售员在用提问探询客户心理价位时需要注意以下几点。

1．明确地提问

有的时候，开门见山式提问效果最为明显。例如，销售员可以这样问客户：“那您最多能给我加多少呢？”这种简明扼要、直截了当的提问有利于客户做出明确的回答。

2．证明式提问

在讨价还价的过程中，销售员要想让客户说出一个合情合理的心理价位，销售员不妨采用证明式提问，以威慑客户过分砍价的心理。例如，销售员可以这样对客户说：“您看这款产品的做工多么精细啊，这和那些做工粗糙的衣服不是一个档次。如果您要是选择一个质量次一点的衣服，我肯定会给您便宜点，但是您穿着肯定没有这件舒服。衣服正因为好，所以才贵，我相信您宁愿选择一件好而贵的衣服，也不愿买一件穿不了几次就扔掉再也不穿的衣服回家吧。”

3．阶段性提问

销售员在引导客户说出心理价位的时候，一定要注意自己提问的频次，如果在一个较短的时间内，密集地向客户提出一系列的问题，容易给客户一种逼迫感，从而导致客户产生抵触情绪，不愿再参与交谈。因此，销售员在设计问题时要把问题分布在洽谈中的不同时段，这样客户才会有充分考虑的时间，提问才更为有效。

销售精英小贴士

销售员在与客户讨价还价的过程中，可以设计出一些有针对性的问题，巧妙挖掘客户的心理价位，不过必须绕开那些提问的雷区，否则不仅无法取得讨价还价的依据，反而会招来客户的不满，进而使得销售无法顺利开展下去。

给客户的“威胁”一定要适当

销售箴言

适当地“威胁”可以打破议价的僵局，推进销售的进度。

讨价还价是销售谈判中最关键、最艰巨、最困难、最紧张、最费时，也是最精彩的环节。如果销售员在与客户的讨价还价中陷入相持不下的局面，不妨适当“威胁”一下客户，这样有可能加快成交的进程。

情境再现

有一对想要买房子的夫妻，已经在房地产中介公司相中一套房子，但是在价格方面一直谈不拢。为了促使客户尽快购买，销售员小李决定给夫妻二人制造点紧迫感。

小李：“王先生，那房子不知道您和太太考虑得怎么样了？今天我同事的客户也看中了它，而且那个客户把意向金都准备好了。我知道您也很有意向购买那套房子，要是您现在可以下决定，我可以向我们经理申请一下为您保留，毕竟是您先看中的。”

王先生：“房子是不错，但是非得现在决定吗？”

小李：“是啊，王先生。不是我有意催您，只是我同事的客户正等着交定金呢。这样吧，您两口子再好好商量一下，我等您电话？”

王先生：“嗯，我太太是很喜欢这套房子的。这样吧，那房子你们不要卖给别人了，我们决定买了。”

小李：“那好，我跟经理说一声。那您尽快抽时间过来交一下定金，如果晚了房子真的就被别人抢走了，好房不等人啊。”

王先生：“那我们明天就过去。”

小李：“好的，王先生，那咱们明天见。”

情境分析

在产品议价的关键时刻，客户往往怕吃亏上当而犹豫不定，裹足不前。为了提高销售的效率，销售员不妨用适当的“威胁”给客户一个向前的推力。案例中的销售员就给客户制造了一种紧迫感，让他不再纠结价格问题，痛快地做出购买的决定。

销售心经

正所谓物以稀为贵，如果销售员能给客户制造一种产品稀缺感或者产品面临涨价的危险，很容易让客户放弃继续讨价还价的念头，抓紧时间，立即出手购买。不过使用这种“威胁”技能要把握好适度原则，否则很难达到理想的效果。

1．找准时机

柏拉图说过：“一个人不论干什么事，失掉恰当的时节、有利的时机就会前功尽弃。”把握好时机很重要。如果销售员捕捉到了客户明确的购买信号，但其就是迟迟不采取行动，此时的“威胁”才会发挥最大的威力。

2．找准方式

在讨价还价的过程中，如何“威胁”才最有成效呢？三种方式可供参考：一是客户看中的产品马上要涨价；二是客户看中的产品要被别人买走；

三是客户看中的产品的优惠促销活动即将结束。这种“威胁”带来的紧迫感很容易让客户立刻做出购买的行动。

3．不要过度制造紧迫感

“用物过度妨于财，用气过度伤于身。”制造“威胁”要把握好分寸，过度的紧迫感会让客户认为销售员要强买强卖，这样他们不仅不会加速购买的步伐，反而会产生很大的不满情绪。此外，适度的“威胁”也要选择好对象，对于那些逆反心理较强的客户，销售员不宜使用此方法。

销售精英小贴士

适当“威胁”是一种常见的营销技能。不过销售员在使用的过程中，一定要找准时机，找准方式，把握好适度原则，否则会起到适得其反的效果。

用好环境影响力

销售箴言

环境对销售成败起着至关重要的作用。产品议价离不开一个好的环境。

从前，有两群鸭子，其中一群鸭子下蛋能力特别强，每天可以下一只大大的蛋；而另外一群鸭子则非常懒，两天或三天才下一只普通大的蛋。这两群鸭子各自生活在自己的小天地里，互相没有交集。某天，通过一次偶然的机会，懒鸭子群当中的一只鸭子来到了勤奋鸭子群当中。这里的一切让它非常惊奇，它没有想到这群鸭子下蛋如此卖命。为了给新同伴留下一个良好的印象，于是它决定向这些勤奋的鸭子学习。一个月以后，它也拥有和它们一样的下蛋本领。

故事虽简单、短小，但是却蕴含着深刻的哲理。从这则寓言故事中，我们可以看出环境的影响力多么重要。其实在产品议价的过程中，销售员也可以通过好环境的影响力来达到最终的目的。

情境再现

客户邀请保险销售员李梅在中午休息的时间到其办公地点面谈保险，李梅按照约定地点准时到达。经过一番详细的了解，客户对李梅设计的保险方案较为满意，不过对于保险的费用，客户表示难以接受。

客户:“你们公司有没有什么优惠政策?”

李梅:“这个没有，您也知道，保险和其他产品有很大的区别……（说完张望左右，看到张小姐的同事陆续回来）张小姐，在这里方便吗？要不我们找个安静一点的地方谈吧!”

客户:“也可以。我们去对面的茶馆吧。”

李梅:“好的。”

经过一番商谈，李梅成功地与客户签下了保险合同。

情境分析

环境对议价的成败有直接的影响。案例中的销售员李梅正是因为懂得这一点，所以在看到客户的同事陆续回来的时候，选择转移谈判的地点。因为她知道一个嘈杂的环境会让自己的谈判陷入被动局面。事实证明，她的选择是对的，安静的咖啡馆更有利于双方的成交。

销售心经

作为一名销售员，不可忽视环境对产品议价的影响。那么，什么样的环境有利于双方达成价格的一致性呢？

1．安静地点有利于促进成交

无数销售实例表明，饭店、咖啡屋、茶馆、娱乐会所等地方更能够拉近销售员与客户双方的距离。在这样的环境下，客户的身心容易达到一种放松的状态，对销售员的戒备心理也会有所缓解。此时，销售员如果使用恰当的语言和销售技巧，很容易说服客户接受产品的价格。

2．熟悉的环境有利于能力的发挥

一般陌生的环境往往会给人一种压抑和恐惧之感。在销售过程中，销售员可以把客户直接约在自己的地盘。这样销售员就不会因为这些不适之感影响议价能力的发挥。

销售精英小贴士

环境对人有一种潜移默化的引导作用。销售员选择议价地点的时候，最好选择安静的、自己熟悉的环境，这样有利于自己在谈判中取胜。

适当地营造“从众效应”

销售箴言

“从众效应”可以对销售员与客户的议价过程起到一个推波助澜的作用。

从众，是指一个人的活动因为受到其他人的影响而趋向于其他人的活动的现象。从众心理是客户的一种本能反应。比如，某客户看着产品的价格犹豫不决时，销售员可以跟他说：“对不起，这种商品太畅销了，今天已经被抢购一空了，就剩下这一件样品，要明天才能进到货。您要是喜欢的话，我可以在进货时帮您留一件，否则恐怕又被抢光了！”这样的话，客户会立刻进行购买，因为他觉得产品的价格一定公道，要不然大家也不会抢着买。

在产品议价的过程中，如果客户对价格感到不满时，销售员不妨巧妙地利用客户的从众心理，帮助其寻找一种心理的平衡，从而促使交易达成。

情境再现

A公司的王浩是个善于揣测人心的销售高手。这回在与B公司的业务联系上，王浩又成功地利用客户的从众心理拿到一大笔订单。

王浩：“刘总，您好，我是A公司的小王。”

刘总：“你好，小王，来，坐下说话。”

王浩：“谢谢刘总。刘总，上回我们谈的订单的事，不知您考虑得怎么样了？”

刘总:“那件事啊，我觉得你们的定价还是太高了，我们还需要慎重考虑一下。”

王浩:“嗯，您说得有道理。这么大的订单，您确实需要时间慎重考虑。为了让您买得放心，这回我给您带来了一些材料，让您看看。这是本市的几家大公司对我们公司产品的一个使用反馈，刘总您见多识广，相信对这几家公司也早有耳闻。”

说着王浩就把事先准备好的几份数据和表格双手递给了刘总。刘总带上眼镜，仔细地看了起来。

刘总:“看来你们和很多行业内的大公司保持良好的合作关系。”

王浩:“是的，刘总，这个行业内几家知名的公司都是我们公司的贵宾，您要是有意向和我们合作，那么我们倍感荣幸。”

刘总:“看来你们公司的口碑还不错，很受大家的欢迎，那这个单子咱们就定下吧。”

王浩:“好的，刘总，您真是有眼光。”

情境分析

从心理学的角度来说，客户之间的相互影响力要远远大于销售员的说服力。案例中的销售员王浩之所以能顺利拿下这么大的订单，那几份数据和表格起到了至关重要的作用。出于从众心理的影响，客户刘总对王浩公司的定价没有过多的质疑，因而订单才会签得轻而易举。

销售心经

从众心理促成交易是利用客户之间的相互影响来说服客户，利用从众心理很容易打消客户对产品价格的质疑。但这种方法也有一定的使用技巧和注意事项，如果销售员不加以注意，容易起到适得其反的效果。

营造“从众效应”的注意事项参考如下。

1．明确目标客户

“从众效应”只适用于那些自我意识较弱、没有主见、容易随波逐流的客户。如果销售员碰到那些追求个性、喜欢自我表现、标新立异的客户，不可轻易使用，否则这种从众反而会激发他们的逆反心理。

2．要用数据和实例说服客户

数据和实例对于客户来讲更有说服力。如果销售员在与客户讨价还价的过程中，拿出和数据相关的真凭实据，更容易激发他们的购买欲望。

3．不要凭空捏造

销售员营造“从众效应”不能脱离客观存在的事实，不可以凭空捏造，否则客户一旦察觉，就会彻底丧失对你的信任。

4．坚持适度原则

销售员在运用这种从众心理时一定要注意适度，当心客户形成反从众心理。正所谓“物极必反”，如果客户形成“别人买的东西我肯定不买”的心理，则非常不利于销售开展。

销售精英小贴士

“从众效应”可以帮助销售员打消客户的价格顾虑，不过大家在使用的过程中，一定要明确目标客户、实事求是、把握好适度原则，否则起不到说服的效果。

讨价还价中始终保持热情和微笑

销售箴言

真诚的微笑、热情的服务是销售员在讨价还价过程中必备的职业素养。

世界销售大王乔·吉拉德，是世界上最伟大的销售员之一，他所保持的连续12年平均每天销售6辆汽车的世界纪录，至今无人能破。他成功的秘诀之一就是微笑与热情。其实，讨价还价本来就是一个唇枪舌剑的过程，销售员和客户为了维护各自的利益，难免会让谈判的氛围陷入尴尬。此时，一个热情的态度、一个真诚的微笑可以缓解双方之间的谈话氛围，拉近彼此之间的心理距离，进而有利于产品的销售。

情境再现

销售员："你好，是来买茶叶的吗？"

客户："嗯。"

销售员："您是要自己喝，还是送人呢？"

客户："送人的。"

销售员："那我给您推荐一些包装精良的茶叶，适合送礼。"

客户："这些茶叶怎么卖？"

销售员："这种是188元，这种是258元，这种是328元，这种是399元。"

客户："不便宜啊。"

销售员露出不屑的表情："大姐，您也不好好想想，要想给人送礼，没有档次的礼物怎么能拿得出手？难道您要提着散装的礼物去吗？"

客户听见销售员说话的语气非常不耐烦，脸上瞬间阴云密布。

销售员："您要哪一种？"

客户："你的这些东西都太贵了，能不能便宜一点？"

销售员："那不可能，我这已经是最低价了。如果您不想买的话，就趁早走吧。"说完，他转过身做别的事情去了。客户看着他这样的态度，满脸怒容，甩门而出。

情境分析

热情和微笑是销售员最基本的职业素养，同时也是打破销售障碍的良方。案例中的销售员面对唾手可得的成交机会，不仅不笑脸相迎，反而态度冰冷，满脸的不屑，试问哪位客户碰到这样一副冷若冰霜的脸会有购买的欲望？即便是他的茶叶价格再物美低廉，客户也会兴致全无。

销售心经

要想成为一名合格的销售员，首先具备的条件就是一个温暖的笑容和一份对客户的热情。表情淡然与态度冷漠的销售会让人感受到冰冷、陌生、抗拒，在这种感觉的支配下，客户自然不愿意与销售员多做交流。

反之，销售员如果能面带微笑，态度热情，则很容易搭建起彼此之间情感沟通的桥梁，陌生感渐渐消除，客户的防备心理也慢慢松懈，双方很容易达成一致的协商结果。即便是你来我往的讨价还价，也要给客户留下一个良好的印象，假使这次价格商议失败，也会为下一次合作奠定良好的基础。

销售精英小贴士

在讨价还价的关键环节，销售员需要用热情和微笑感染客户，缓解谈判的紧张氛围，继而推动双方达成一致的议价结果。

第八章

运用心理博弈，促使销售成交

在销售促成的关键阶段，销售员要想踢好这“临门一脚”，首先要运用好心理博弈的战略战术。诱使客户做出承诺可以抢占销售先机，摸清客户的底牌是销售促成的重要手段，让亏欠感引领客户埋单是销售促成的重要技能……总之，销售是一场心理的博弈，成交离不开这些心理技能的运用。

诱使客户先做出承诺，让对方在不知不觉中被“套牢”

销售箴言

好的开始是成功的一半。在销售之前诱使客户做出承诺可以起到事半功倍的效果。

无论是销售产品还是销售服务，结果只有两个：一是客户做出购买的承诺；二是客户拒绝购买的请求。其实销售员在整个推销活动中扮演着引导员的角色。如果在向客户销售一种产品之前，就能引导他们做出承诺，那么非常有利于下一步工作的开展，成交的概率也会非常大。因为客户给出一些肯定的回答，就意味着他对你工作非常认可。假使你的销售工作在客户的认可中一步步进行，客户就会在不知不觉中被“套牢”。

但在实际的销售活动中，许多销售员都不善于做引导工作，甚至他们在与客户初次见面时不知道该说些什么。多数销售员会这么问：“您对我们的产品感兴趣吗？”客户当然毫不犹豫地给出了否定的回答，于是销售就开展不下去了。这是销售员自己把自己逼进了死胡同。

在这方面，“推销之神”原一平是当之无愧的高手。每次在向客户推销保险之前，他都会向他们提问一些引导性的问题，当然，这些问题都是客户会回答“是”的问题，然后再和客户谈保险的问题。在进入正题前引导客户说“是”，渐渐地客户就养成了肯定回答的习惯，接下来在谈论保险时，客户因为思维惯性不自觉地答应他的合作请求，然后投保。原一平取得的巨大成功与他对这种销售技巧的巧妙运用不无关系。

在引导客户说“是”，也就是做出承诺的同时，也要尽量杜绝客户说“不”。如果让客户轻易地说出这种拒绝性的话，那么后面的销售工作就很可能会失败。也许有人会问：“为什么客户一开始拒绝会影响销售的成功？”美国心理学家阿弗斯特曾说：“‘不’的反应是最难克服的障碍，一个人一旦拒绝之后，由于面子的问题，他就会固执己见，很难推倒他原来的想法和做法。”

因此，作为一名销售员，在推销之初就让客户做出肯定的回答非常关键。在与客户交谈的时候，最好不要讨论一些让客户模棱两可的问题，也不要问一些可能回答“不”的问题，这样会让销售失去先机。

情境再现

小郑是一家保险公司的销售员。一天，他来到某小区开展保险业务，客户李女士刚开始表现出一副不屑一顾，什么问题都不想回答的样子。

小郑不紧不慢地说：“李姐，如果有一款理财产品，可以让您的财富像滚雪球一样，越滚越大。您想不想拥有？”

李女士：“当然想了。”

小郑又笑着说：“这款理财产品您不必身体力行地打理，也不用像炒股一样提心吊胆。它最大的特点就是稳健，不仅保本，还能分红，并且红利是按复利的形式计算的，复利的计算方法只会让您的财富越积累越多。这种投资方式不知道您有没有兴趣了解一下呢？”

李女士：“这么一本万利的好事儿当然想！”

小郑："我们公司刚推出了一款理财分红保险，它……"

李女士想了一会儿，觉得小郑给她推荐的理财方式非常划算，自己也正好有投资的打算，于是答应了小郑签单的请求。

情境分析

诱导是销售过程中经常运用的语言表达技巧。虽然案例中销售员一开始处于被忽视的不利地位，但是经过他一番巧妙引导，客户做出一系列肯定的回答，使得销售朝着签单的方向顺利发展。

销售心经

诱使客户先做出承诺对于销售而言非常重要。那么销售员应该使用什么方法才能让客户一开始就做出肯定的回答呢？具体可以参考以下几点。

1．找寻能激发客户共鸣的话题

写文章，有了好题目作者就会文思泉涌；与人交流，有了好的话题就可以使谈话自如。销售员没有找到合适的话题，就很难与客户聊到一起。如果客户对你说的话产生反感，或者你说的话没有让他产生兴趣，那么他自然会抗拒交流，一心希望尽快结束双方之间的谈话。所以，在销售过程中，销售员一定要尽量避免这种情况，不给客户说"不"的机会。

要想让客户说"是"，销售员就要找到与客户的共同语言，找到能令客户产生共鸣的话题，只有这样才能实现语言的同步。一般而言，销售员只要掌握客户的语言特点，然后采用特点相同或者相似的语言与客户沟通，就可以激发客户交流的欲望。此外，销售员还可以找一些客户比较感兴趣的话题，这样也可以让客户产生共鸣。总之，强烈的语言感召力可以给客户创造一个做出承诺的机会。

2．尽快找到彼此的共同点

在销售过程中，共同点可以缩短双方之间的心理距离，增强客户对销售员的信任和认可程度。

在谈话过程中，销售员要养成察言观色的习惯，从客户的言谈举止中找到一些彼此相同的地方。例如，相同的兴趣爱好、相同的经历、相同的教育背景等，都是找到共同点的切入话题。有了这些志趣相投的情感铺垫，客户自然会对销售员产生一种亲近感。此时，销售员如果能趁机传达信息，客户拒绝的可能性会非常小。

3．多提一些封闭式的问题

其实，要想客户一开始就说“是”，千万不要给其过多的选择，提一些封闭式的问题才是最明智的选择。那么什么是封闭式问题呢？它有哪些特点呢？

封闭式提问是指提出答案有唯一性，范围较小，有限制的问题。通常是事先设计好备选答案，给对方一个框架，让对方在可选的几个答案中进行选择。一般情况下，只用“是”和“不是”就能回答，答案肯定与否由提问者把控。因此，在销售中销售员就要多运用封闭性问题向客户提问，这样客户就会在不知不觉中做出肯定的回答。

销售精英小贴士

要想促使销售成交，销售员就得给它开一个好头。引导客户一开始做出承诺有很多种方法，销售员要根据实际情况来选择最合适的一种，然后轻松实现销售目的。

摸清客户的底牌是一个技术活

销售箴言

摸清客户的底牌是销售工作中的关键程序，是促成销售成交的一个重要环节。

销售是一种心理博弈，想在博弈中获得胜利，就需要对客户有一个充分的了解。古人云："知己知彼，百战不殆。"也就是说对客户了解得越多，对自己越有利。如果在销售过程中，无法摸清客户的所思所想，那么销售员就会像盲人摸象，容易让自己处于被动局面，甚至会造成销售失败。

情境再现

销售员："陈先生，关于这款电脑的配置、性能，您已经基本了解了，不知道您对它还满意吗？"

陈先生："你介绍得很清楚了，但是我感觉这款电脑屏幕尺寸有点小。"

销售员："屏幕尺寸小，好的，我已经把这个问题记下来了，那么，除了这个您还有其他不满意的地方吗？"

陈先生："嗯，我考虑一下……对了，还有颜色方面的问题，我最理想的电脑颜色是黑色，但是很明显，你们现在处于缺货状态。"

销售员："好的，这一点我也记下了，除此之外呢？"

陈先生："其他的……它的价格超出了我的承受范围。"

销售员："嗯，价格也不太满意，除了这些应该没有什么别的问题了吧？"

陈先生："对，就这些，其他感觉都还可以。"

销售员："好的，那我想请问一下您的心理价位大概是多少呢？"

陈先生："毫无疑问，当然是越低越好啊！"

销售员："陈先生，3 500 元已经是折扣价了。由于您现在正好赶上周年店庆，优惠力度很大，在原价的基础上减了 300 元。此外，促销期间还有电脑包、鼠标、鼠标垫、耳机和清洁套装等大礼包相赠。所以这个价格您一点儿都不亏。"

陈先生："但是这个价格我还是有点接受不了。3 200 元可以吗？如果你答应，咱们现在就成交。"

销售员："如果 3 200 元卖给您，我们的本钱都卖不回来。这样吧，我向店长申请一下，看看 3 400 元他能不能同意，您觉得这个价格可以接受吗？"

陈先生："好吧，能帮我省 100 元也行。"

销售员："说实话，同等条件的电脑我们这里是最便宜的。如果我能帮您把这个价格申请下来，您还会再犹豫吗？"

陈先生："嗯，你放心，我肯定买。"

情境分析

从上述案例中可以看出，客户陈先生"挑三拣四"，其实是"醉翁之意不在酒"。他最关键的还是想通过表达不满来达到压价的目的，销售员深知这一点，于是耐心地询问出了客户的价格底线，摸清客户的底牌，再经过一番商谈，最终让客户相信自己有利可图，从而成功地完成了交易。

销售心经

销售员摸不清客户的底牌就如同大海上航船失去了方向，盲目推销成交的概率很小。作为销售员，必须积极主动地用试探性的语言将客户的心理底线探索出来，这样才能做到心中有数，推销工作才具有方向性和有效性。那么销售员如何才能摸清客户的底线呢？以下两点可供大家参考。

1. 让客户先开口

让客户先开口是销售员必备的能力，也是探知客户底线的有效方法。如果销售员缺乏引导的能力，只是一味地推销自己想要卖出去的产品，有可能和客户的心理诉求背道而驰，最后交易失败是必然现象。

2. 仔细倾听客户的心声

许多销售员成功的诀窍之一就是鼓励客户多说，同时自己认真倾听。曾被称为全美国最成功的保险业销售员克莱•哈姆林在他那价值 100 万美元的“商业工作计划年鉴”中所提到的策略中的一个要点就是倾听。也就是说，销售员听得越多，就越能够从客户的谈话中了解到对方的所思所想，摸清他的底牌，从而增加交易成功的概率。

销售精英小贴士

为了在推销中占据主动地位，销售员首先要摸清客户的底牌。而引导客户开口和倾听客户心声是摸清其底牌的两个有效方法。

让亏欠感引领客户埋单

销售箴言

销售员不妨给客户一些“优惠”，让其产生亏欠感，继而引发其回报心理。

在现实生活中，许多商场或者超市都有免费的商品或者免费的服务，但大多数的客户对此却并没有过多的热情，因为大家都觉得“无功不受禄”，生怕免费的背后有什么“猫腻”，甚至怀疑会让自己“偷鸡不成蚀把米”。

其实客户的质疑并不是没有道理的。中国人自古就受“礼尚往来”“来而不往非礼也”等传统观念的影响。这也就意味着，当我们获得了别人的某些好处，或者别人对我们做出了某些让步的时候，我们本能地就会想以其他的方式去报答。否则，我们会始终沉浸在亏欠感里，无法心安理得的生活。

这种心理在销售活动中的应用就是利用亏欠感成交，也就是说，通过利用客户在接受别人的馈赠、帮助、恩惠后，会想方设法去“偿还”的心理来成交。因此，销售员不妨充分利用客户这种心理，巧妙布局，给客户一些好处，从而让自己的销售业绩步步攀升。

情境再现

销售员张伟：“您好，大姐！请问有什么可以帮助您的吗？”

女士：“我自己随便看看。”说完，转身打算离开。这时，张伟突然发现从她松松垮垮的大衣口袋里掉出了一百元，但这位女士却丝毫没有察觉。

张伟:“大姐，你等一下，你的钱掉地下了。”

女士:“（转身，捡起）小伙子，你可真是好人啊！太谢谢你了。”

张伟:“您客气了，这是我应该做的。”

女士千恩万谢地离开了，但不一会儿，买完东西的她又返了回来。

女士:“小伙子，我就在你这里结账吧。”

张伟:“大姐，您怎么绕这么远过来结账，您选货的那边就有导购啊。”

女士真诚地说:“我知道你们的行业规则，到你这儿结账你不是有提成吗？你让我的一百元失而复得，我当然想让你多拿一点工资了。”

张伟:“哎呀，大姐，我帮您完全是出于好心，并不是想占这点便宜。”

女士:“我知道，一看你就是个好人，我以后买东西会常来你这儿的。”

说完，女士提着东西开心地走了。

情境分析

亏欠心理人人都有，而知恩图报、感恩戴德是每个人的共性。案例中的销售员张伟深谙此道，所以他毫不犹豫地做了一个拾金不昧的好人，客户在亏欠心理的影响下，必定会想着如何回报对方，甚至不用张伟开口，客户就主动承诺自己会变成回头客。如此一来，销售促成顺理成章，销售业绩也会节节高升。

销售心经

有一句话叫:“吃亏是福。”占便宜的一方在亏欠感的作用下会想方设法弥补吃亏的一方。所以从这个角度来看，吃亏并不意味着受委屈，反而会获得一个回报的机会。所以，作为一名销售员有时让利于客户，让客户的亏欠感反作用于销售，未尝不是一个好的销售方略。

1．主动让客户觉得他亏欠你

（1）了解客户

了解客户的途径有很多种，比如网络、杂志等都可以收集到客户的资料；此外，察言观色也是了解客户的一个好方法，仔细观察客户的着装、行为举止、说话语气等可以判断其经济实力和性格特征。对客户有一个基本的了解后，就可以做好帮忙的准备了。

（2）认真聆听

与客户交流时，销售员要仔细观察他的每一个动作，认真倾听他的每一句话，任何的细枝末节都有可能隐藏着有利的“战机”，边交流边思考，看是否有你可以“帮小忙”的地方。

（3）抓住机会

正所谓“机不可失，时不再来”，当遇到可以向客户提供帮助的机会，销售员千万不要错过。要知道现在的“帮忙”，有可能意味着客户感恩戴德的丰厚回报。

2．具备良好的心理素质

当你真心地对客户施以援手，大多数人都会心存感激。当然，也会有些人不为所动、无动于衷，但这样的人毕竟是少数。所以，销售员要具备良好的心理素质，遇到不懂得“感恩图报”的客户，不要备受打击，要知道这个世界上不存在万无一失的完美攻略。

3．与客户同乐

人生有三乐：自得其乐、知足常乐、助人为乐。我们给客户一些小恩惠，自然是想得到客户的回报。但不可否认的是，在帮助别人的同时，其实我们在无形之中也得到了快乐。

销售精英小贴士

销售员要注重免费午餐定律的使用，首先主动了解客户，其次还要学会认真聆听，以寻找“帮忙”的机会。一旦时机成熟，立刻抓住机会，为客户提供一些小恩小惠，以图其埋单的回报。

想方设法为客户创造购买条件

销售箴言

销售员要想促成销售成交，首先要为客户创造购买的条件。

如今的产品竞争非常激烈。销售员要想有一方立足之地，就需要积极为客户创造购买条件，仅仅存着“客户主动购买”的心态，很难促成交易，更加无法为自己的产品打开销路。

情境再现

销售员：“您好，我是××打印机设备公司的销售员。”

客户：“你们公司的销售员总来我们公司，但我们公司一直和××公司合作，我们用的打印机就是由他们提供的，而且设备也不错，暂时还不打算换呢，所以请你考虑别的合作对象。”

销售员：“那麻烦您告诉我对于××公司的打印机，您觉得还有哪些地方需要改善。”

客户：“总体来讲还可以，就是他们的那个程序操作起来有点烦琐，要是能够简化就更好了。”

销售员：“我们公司新推出了一款打印设备，其操作程序一点儿都不麻烦，是‘傻瓜’式的，而且价格方面也非常优惠。”

客户：“那么你们的质量方面是不是就大打折扣了呢？”

销售员：“这个您放心，我们这款打印机从设备到程序都是最新的，质量、性能、服务都是有保障的，如果在使用期间有任何问题，我们会免费上门为您提供售后服务。”

客户：“哦，那还不错，设备采购不在我的职责范围之内，我带您去跟我们经理谈谈吧。”

情境分析

案例中的销售员找出客户不满足之处，然后给他推荐了“傻瓜”式的打印机。事实上就相当于给了客户一个购买的理由，为其创造了一个购买的条件。所以，客户才答应带销售员和决策者谈。由此可见，销售员要想取得好业绩，仅仅靠客户的自觉是远远不够的，只有积极为其创造购买条件，才能争取到更多成交的机会。

销售心经

索尼的创始人盛田昭夫曾说：“我们并不是去服务市场，而是去创造市场。”发挥自己的主观能动性对于销售员而言至关重要。而要想为客户创造购买条件，销售员必须及时捕捉客户的内心想法，站在不同的角度、不同的立场为客户介绍产品，随时变换自己的销售策略，不断探寻客户真正想要什么、真正想买什么，这样才容易获得客户对产品的认可。

1. 客户的需求是其购买的前提

有需求才会有市场，销售员应随时谨记这一点。要想给客户一个购买的理由，就需要先找到他对产品的真正需求。销售员只有站在客户的立场上思考问题，才能知道什么样的产品会给客户带来哪些便捷与利益，什么样的产品才会激发其客户购买的冲动。

2. 利用增值服务吸引客户

客户总是在追求利益的最大化，所以，他们在购买产品时，不仅仅注重产品的使用价值，对能否获得一些增值服务，给自己带来更多的“甜头”也非常在意。比如，销售员承诺对设备免费维修，或者买一赠一等，这些都可以让客户产生购买的兴趣。

3. 打消客户的后顾之忧

销售员的介绍已经得到了客户的认可，客户对产品已经有了初步的认识，但是就是迟迟没有购买的行动。如果遇到这样的情况，销售员就要分析，他们担心的是什么，是产品寿命的长短？是售后服务的好坏？还是其他什么原因？确定原因之后，要及时帮助客户解决问题，增加其购买信心，最终让他知道购买你的产品是正确的选择。只要他们打消了对产品的顾虑，其实也就是满足了购买的条件。所以，从这个角度上来讲，打消客户的后顾之忧其实也是为其创作购买的条件。

销售精英小贴士

做销售工作，拥有一份积极主动的心态非常重要。如果客户没有购买的欲望，销售员需要主动为其创造购买条件，这样才不至于让自己的推销工作变得被动，同时更有利于产品的成交。

用信息优势改变客户的想法

销售箴言

信息优势是改变客户想法的重要途径，也是促成销售成交的关键因素。

从事过销售工作的人大多都有这样的困惑：自己明明已经将产品的基本信息传达给了客户，而且没有一丝遗漏和夸张，可是客户为什么迟迟没有购买的行动呢？他们到底在担心什么呢？其实，客户也许正是需要一份强而有力的产品证明。此时，销售员不妨考虑运用精确数据来打消客户的疑虑，改变他们的想法。毕竟这是一个信息化的时代，有时候数据远远比销售员反复强调产品的种种优势更有说服力。

情境再现

客户："你们的机器耐用吗？"

销售员："根据试验反馈的结果来看，我们公司生产的机器连续使用10万个小时没有一点儿问题。"

客户："那你们的机器卖得怎么样？"

销售员："这种品牌的机器在全国100个市级以上地区的销量都已经超过了2 000万台……"

客户："这种机器生产出来的食品不会有什么安全隐患吧？"

销售员："您考虑得非常有道理。食品生产安全第一，我们一定会严把安全关。所有的食品在生产时都要经过30道严格的自动加工工序。这您放心。”

客户："那先订购一台吧！"

情境分析

有的时候，简单的数字往往比一遍遍说明更有说服力。案例中的客户一开始对产品持有质疑的态度，销售员为了促成交易，拿出了一系列和产品有关的数据，重新建立客户购买的决心。

销售心经

一般而言，产品的信息优势主要是指数据。销售员使用精确的数据对销售促成具有十分积极的意义。但是如果使用不当，同样会造成极为不利的后果。因此，相关的注意事项不可忽视。

1．保证数据的真实性和准确性

在这个网络信息如此发达的时代，销售员永远不要低估客户判断事物和获取信息的能力。销售员如果使用的数据不够真实和准确，那么一旦让客户发现，势必会造成很严重的信任危机，日后即便是做再多的弥补也挽救不回公司的信誉损失。

2．用影响力较大的人物或事件说明

要想增加数据的说服力，销售员可以借助那些影响力较大的人物或事件来加以说明，例如："某明星是我们这款面膜的忠实拥护者，从2010年开始就一直坚持使用，这也是这位冻龄女神保养的最大秘籍。""这是某知名公司采购的指定产品，我们已经建立长达数十年的良好合作关系。"

销售精英小贴士

数据优势对于改变客户想法，推动销售成交具有积极的影响，不过销售员在使用时千万不可弄虚作假，否则就是搬起石头砸自己的脚。此外，展示产品的数据优势时，不妨借助有影响力的人或事，这样可以起到事半功倍的效果。

第九章

抓住女性客户的心

女性是一个庞大的消费群体，抓住了女性客户，就等于抓住了大部分的客源。所以，销售员必须重点争取到这个推销对象。而要想俘获女性客户的“芳心”，就需要从她们的性格特点和心理需求着手。女性客户的感性、语言习惯、攀比心理等可以成为销售员制定推销策略的重要依据。只要抓住女性客户的这些“软肋”，就可以抓住她们的心。

抓住女人的"感性"做文章

销售箴言

女人的感性既是优点，又是其软肋，更是促成交易的助推器。

在生活中，我们常常会听到这样一句话："男人是理性动物，女人是感性动物。"的确是如此，女人往往不善于隐藏自己的情绪，看到一部感人的电影也会泪眼婆娑，情难自持。女人由于具有了这种品质，显得更加可爱，但是如果遇到感情骗子，一定会遍体鳞伤。

这些感情骗子之所以能够得逞，就是抓住了女人的"感性"弱点。那么，销售员要想"得逞"，不妨也抓住女性的"感性"做文章。当然，我们这里说的销售"得逞"，并不是指情感欺骗，更不是利用质次价廉的产品骗取女性消费者的钱财，而是销售员善于通过一些小的话题激起客户的情感波动，赢得客户的赏识和信任，这样就有利于拉近彼此的关系，为下一步的销售做好铺垫。

情境再现

一次，某房地产公司的销售员王杰陪一位中年女客户参观楼房。在休息闲聊的间隙，他们聊起了自己的家乡，客户的老家原来在陕西榆林。

刚好某电视台正在播放《平凡的世界》这部电视剧，他们聊着聊着就提到电视剧中的主人公孙少安，王杰顺势发表了一下自己的感慨："里面的故事情节真的太亲切感人了。主人公孙少安虽然文化程度不高，但是天资聪慧、勤劳善良、吃苦耐劳、勇挑重担，他真的是仁爱、至善、至真的守护者。我从他身上可以汲取到很多的正能量，如果生活中碰到什么坎坷，想想孙少安经历的那些考验，顿时觉得自己的那些困难根本不算什么。"

王杰的评论引起了这位女客户情感的共鸣，她压抑不住内心的激动："是啊，你说得太好了，我也是在那个地方长大的，看到孙少安就好像看到自己曾经奋斗的影子，所以我会反复回味其中的故事情节，重温那段难忘的黄土岁月。"

王杰感到分外高兴，因为他的话正好击中了客户的内心，他接着说道："其实咱们家乡真的是人杰地灵，不仅民风淳朴，而且有很多充满原始气息的自然景观。比如，东西对峙、峭拔雄伟的红石峡，四面环山、绿水萦绕的龙洲丹霞地貌景区，还有山势蜿蜒跌宕、巍峨险峻的二郎山……"

女客户一边聆听，一边竖起大拇指称赞王杰，"你知道的还真不少。"因为有了共同的情感共鸣，客户更加欣赏眼前的这个小伙子，于是很痛快地和他签订了合同。

情境分析

女性客户往往容易做情绪化的决定。案例中的销售员王杰就很好地抓住了女客户的"感性"软肋，一部《平凡的世界》唤起了双方共同的回忆，更让女客户打开了感情的洪流。于是在这股洪流的影响下，签订合同变得顺理成章。

销售心经

一个出色的销售员，总是能利用自己丰富的知识和能言善辩的口才拨动女客户的心弦，引起其情感的波澜，这样不仅建立了双方信任和情感的桥梁，更赢得了客户极大的好感和合作的欲望。这也就是所谓的小话题里的大智慧。那么销售员通过哪些方式能有效推动女客户情感的波澜呢？

1．从客户的兴趣爱好出发

一个人只有遇到自己感兴趣或者爱好的东西才会心潮澎湃、侃侃而谈。销售员可以先探知客户的爱好，然后通过爱好建立起和客户的亲密联系，以客户的爱好为纽带，发表自己的看法和言论，但是一定要实事求是，否则不仅无法激起客户情感的共鸣，反而会招来她们的厌恶。

2．从各地的风土人情着手

销售员应该多了解一些风土人情，风土人情可以激发其崇拜的情感及求知的欲望，直接拉近彼此之间的距离，广阔的见识、不俗的谈吐、幽默的话语都可以成为吸引女客户的个人魅力。等到双方关系更进一步时，实施销售计划就会容易得多。

3．从旅游景点谈起

紧张的工作总是让人神经紧绷，如果销售员能够给客户制造一种轻松休闲的氛围，使她感到舒适，那么则容易触动其内心的需求。因此，在销售的过程中，可以向女客户推荐旅游景点，也可以介绍当地或者自己熟悉的旅游地，让对方感觉你是在关心她，作为回报，她也会感性地答应你的合作请求。

销售精英小贴士

面对女性客户，一个聪明的销售员懂得用女人的“感性”做文章，挑选一个容易激发其情感共鸣的话题，让女人的情感直觉帮助自己顺利达成销售目的。

给女人一个公主梦

销售箴言

女人都有一个公主梦，销售员要是能圆了“公主”的梦，也能抓住“公主”的心。

白雪公主、天鹅公主、豌豆公主、睡美人……孩提时，各种充满着浪漫、梦幻的童话故事让每个女孩心中都怀揣着一个公主梦，希望自己变成童话中美丽的公主。等到长大后，女人依然渴望自己优雅迷人，获得宠爱，活得像一位公主。基于女性客户的这种心理，销售员不妨以客户的需求为中心开展工作，给客户公主般的待遇，圆了她们的公主梦。

情境再现

蔡小姐已经给自己的家人买了好几份保险，所以在销售员小李约访时，她的态度很冷淡。

小李给蔡小姐推荐了一份健康险，蔡小姐果断拒绝，并且表示："保险已经很多了，不会再买了。"见此情形，小李并不着急，而是微笑着称赞蔡小姐很有保险意识，接着又说从蔡小姐的名字中就可以看出来她们家的福气很好。这话蔡小姐听得颇为诧异。

小李把蔡小姐的名字一笔一画地在纸上认真写下来，然后郑重其事地说："您的名字根据星相姓名学的说法，23 画，是大吉大利之意，将来各方面发展都会非常好。"

蔡小姐听了非常高兴。见此情形，小李从包里拿出一本著名风水师写的姓名与看相的书，与蔡小姐饶有兴趣地研究起来。小李又讨好地说道："蔡小姐，从您的面容上来看，将来一定是大富大贵。所以，我觉得您在家中一定受到如众星捧月般的爱护。"

蔡小姐听了更是高兴得合不拢嘴。两人越聊越投机，最后小李顺利导入保险，签了 20 万元健康险。

情境分析

销售员小李之所以能顺利完成签单，最重要的原因在于他能准确把握女客户的心理。即便是客户如公主般高傲冷漠，小李仍然笑脸相迎，用恰如其分的语言赞美其名字，恭维其面相。蔡小姐获得这种优越感之后，心情自然大好，这样签单的难度系数也就会降低很多。

销售心经

要想给女客户制造一个公主梦，首先必须把她们的需求当作自己工作的中心。销售员应该充分了解她们的心理需求，其基本需求可以分为以下几类：被识别或记住的需求、被理解的需求、被帮助的需求、受重视的需求、受欢迎的需求、受尊重的需求、及时服务的需求、被称赞的需求、被信任的需求等。总之，客户的这些内心需求，销售员要尽力满足，只有这样才能给她们一种公主般的优越感。女客户的优越感被满足，心情愉悦，自然放松对销售员的戒备，双方之间的距离感也会大大缩短，推销工作也因此而变得简单。

一般情况下，销售员可以通过以下几种方式来让客户产生良好的优越感，满足其心理需求，最终达成销售目的。

1．适当的赞美

人人都喜欢被赞美，尤其内心敏感、情绪丰富的女客户，她们更希望得到他人的肯定，以突显自己的优势，获得内心的满足。所以，销售员可以根据其具体的特点，予以适当的赞美。若是客户讲究穿着，销售员可以赞美其审美独特，搭配能力很强；若客户面容姣好，销售员可以赞美其花容月貌、沉鱼落雁；若客户是知名公司的员工，销售员可表示对其工作环境的羡慕；若客户是一位公司领导，销售员可夸奖其能力出众。通过一句简单的赞扬，可以拉近和客户之间的距离。客户的优越感被满足，自然对销售员会产生好感。

2．虚心的请教

请教意见是满足客户优越感心理需求的有效方法，特别是找出一些与业务相关的一些问题。向客户请教，认真听取她们的意见和想法，会让她们感到一种“助人为乐”的喜悦，还能给其提供一个展示才华和智慧的机会。销售员“受教”的过程也会极大地满足客户的优越心理。

销售精英小贴士

要想征服女客户，那就给她一个公主般的宠爱吧！一切的销售活动以她的需求为中心，一切赞美恭维的语言围绕着她展开，在“甜言蜜语”的攻势下，她一定会沦陷的。

听懂女性的弦外之音

销售箴言

“说话听声，锣鼓听音”。女客户的话外之音往往是销售成败的关键。

与男性相比，女性的性格显得更为含蓄内敛一些。所以，语言表达通常不会直抒胸臆、直截了当，而是温婉含蓄、话里有音。作为销售员，面对女客户的时候，一定要心思细腻，仔细品味其中的语音语意，听懂客户的弦外之音。

一般而言，女性客户在购买一样东西时，最关注的无外乎就是三点：一是价格；二是质量；三是服务。如果销售员听不出言外之意，忽视客户的三个在意点，把握不住其真实的心理状态，一定会让本可以实现的成交化为泡影。

情境再现

小杨是某家时尚女装店的老板。他的店铺走的是“高精尖”路线，所以即便有很多普通大众能接受的衣服，但为了不破坏店内高端大气的整体效果，小杨也不会让这些衣服出样。这就导致一些消费水平较低的客户进店一看便望而却步。有的干脆不提购买意向，只像观光客般在店内转上一圈，夸赞一句“老板，你的店档次真高”，或者调侃一句“这么多高级服饰，饱饱眼福就行”，然后悻悻而去。

以前，小杨从来也没有留意过这些来去匆匆的客户，更没有意识到自己错失商机；但后来常看到客户从他店里走出去时两手空空，等到再从别的店转悠出来时却拎着大包小包，满载而归，尤其是买的东西他店里也有得卖。一直认为做到笑迎笑送就已算是用心经营的他如梦方醒：真是太不懂女人心了，自己早该听出她们的“弦外之音”。

此后，再遇到这样的客户，小杨便不失时机地接过她们的话茬。

“老板，你的店装修得很高档！”

“门面装修只是为了让大家有一个更好的购物体验。不过您别看我们的装修高档，衣服价格都很亲民哦！”

“这么多高档服饰，饱饱眼福就行。”

“您既然来了，就不能光饱眼福，还要考虑买一件带回家。你看我们店里的这几款衣服……”

话虽不多，但很容易就能打消客户怕自己消费水平低而遭店家轻视傲慢拒绝的顾虑。渐渐地，小杨店里的生意火了起来。

情境分析

不懂心，枉用心。客户有时说的话是“醉翁之意不在酒”，如果销售员听不懂她们的“良苦用心”，即便是自己的产品质量再好，价格再亲民，推销再卖力，也无法实现有效的沟通。案例中的小杨幸亏及早发现自己的问题，读懂客户隐藏着不便明说的心迹，否则会错失很多成交的机会。

销售心经

出于某种原因，很多女客户都不愿直接表达内心的真实想法，因此，销售员一定要善于倾听她们的“弦外之音”，领悟她们的真实意图，及时捕捉有助于产品介绍的有效信息。这样才能营造出一个心意相通的交流氛围，牢牢抓住客户的心。

通常客户的弦外之音主要围绕她所在意的三个方面。

1.“价格”的问题

有的客户看完产品之后就对其价格非常不满，有种讨价还价的阵势。一般销售员的回答往往是先否定客户的说法，然后又讲一大堆产品的特性、功能、优势等，以此来证明产品物有所值。其实客户对这些解释根本就听不进去，即便是销售员卖力罗列出产品的种种优势，她们也未必相信。所以，销售员最重要的是要弄明白，客户觉得产品太贵的真实心理是什么。

要想“知己知彼”，销售员就要站在客户的立场上考虑问题。如果换作自己买东西，觉得产品贵，无非是担心自己在这儿多掏了冤枉钱。比如说客户花 500 元买了一件衣服，结果第二天碰到同事买了一件颜色、款式、质量一模一样的衣服，一问价格整整少了 100 元，她们的心里一下子就不平衡了。

所以，销售员遇到客户抱怨价格的情况时，一定不要觉得她买不起，或者舍不得花这么多钱。要是她觉得价格无力承担的话，早就转身离开了，根本不会与你讨价还价。害怕吃亏上当才是她们最担心的问题。

因此，销售员要想有效说服客户做出购买决定，就需要听懂她的话外之音，然后郑重其事地承诺：同样的产品，同一时期，你这里卖的是最便宜的，如果情况不属实，愿无偿退货。当客户获得这样的承诺时，自然就打消了心中的顾虑。

2.“质量”的问题

当客户抱怨产品的质量问题时，经验不足的销售员往往会告诉客户这是大公司的产品，工艺多么精细、原材料有多好、口碑怎么好等来证明产品的质量。其实，你的这些卖力“演说”，客户未必会相信。她们的弦外之音，是想要一个保障，而非证明。所以，此时销售员如果能够以“质量出现了任何问题包修包换”的说辞应对，相信客户一定不会再有异议。

3.“服务”问题

当客户询问销售员都有哪些服务时，其实客户关心的不是你公司都有哪些服务项目，而是在意你能为她提供什么服务。所以，销售员最有效的做法就是，问客户需要什么服务，然后去竭尽全力满足其需求即可。

销售精英小贴士

客户的弦外之音其实就是其内心真正的想法。销售员如果能听懂她们的言外之意，就能抓住她们的心，从而实现有效的沟通交流。一般客户的弦外之音主要围绕产品的价格、质量、服务三个方面，销售员一定要懂得各自的应对之策。

女性的攀比心理一定要利用

销售箴言

攀比心理是女人的一大心理缺陷，却是销售的一个契机。

在现实生活中，很多女性朋友都有攀比心理。小到衣食住行，大到人生归宿，她们都喜欢和别人一较高下，谁也不想甘于人后。这种心理如果用在精神追求上，叫“积极上进”，如果用在物质享受上，就叫“攀比”。

比如家住北京朝阳区某高档住宅小区的张小姐看见对门的邻居换了一辆价值百万的豪华跑车，成为左邻右舍艳羡、攀比的对象。于是她也心有不甘，也想换一辆更好的车，让自己的风头盖过别人。其实有这样的想法也可以理解，毕竟人是群体的物种，因此，在社会群体活动中，难免会把自己与别人比较。

一般来讲，虚荣心和好胜心强的人，在攀比心态上要比普通人强。而且，女性消费者在这方面更为敏感一些。因为家庭生活是她们的重要组成部分，她们经营着自己的小生活，所以很在乎自己的生活质量。很多商品在购买前，萦绕在她们脑海中最多的就是“×× 都有 LV 的手提包，凭什么我没有？”“连 ×× 都能买得起那个牌子的化妆品，我也不能被人看扁了”等念头。

对于销售员来说，可以利用女性客户的攀比心理，与其参照群体进行对比，有意强调其参照群体的消费动向，来最终达成销售。

情境再现

小王是一位保险销售员。虽然他身为男性，却很懂得女人的心。利用女性的攀比心理已经让他促成了好几份保单。

比如，公司刚刚推出了一款新的保险险种，他会把平时收集的潜在客户如数家珍地盘查一遍，然后约见、拜访，并在拜访中充分利用心理战术促成签单。

面对虚荣心较强的女客户，他会告诉客户，×× 经理的妻子就购买了这种保险，这会给她带来哪些方面的保障。或者周围 ×× 人，虽然他们家庭条件不是很好，却也买了这个保险。因为他们眼光长远、思虑周全、懂得为亲人负责任等。

他从各个角度、正反两面进行比较，激发准客户微妙的攀比心理，让客户觉得买了这个保险既可以获得很多的收益，又给自己长了面子。

情境分析

对待虚荣心较强的客户，攀比心理是屡用屡见效的“撒手锏”。案例中的小王就是一个懂得利用攀比心理的高手，他准确抓住女客户好面子、爱比较的心理，然后使用一些刺激性的言辞激发其痛下购买的决心。

销售心经

一般而言，女性的攀比心理，更多地表现在奢侈品的消费上。中国品牌战略协会的一份研究报告显示，中国的奢侈品消费人群，靠自己能力奢华享受的人只占 40%，其余 60% 的人则靠家庭的财富满足自己虚荣心。

这部分人主要是年龄在 30 ～ 35 岁之间的年轻人，绝大多数是攀比和炫耀的心态在作祟。LV 的背包、Cartier 的手表、Dior 的香水、Dun hill 的套装，这些动辄成千上万元的奢侈品牌成为众多拜金女性竞相追逐的对象。由此可见，攀比心态对商品消费的影响力。

针对女客户的这一心理，销售员在推销之前不妨将产品包装一番，高档奢华的产品形象更容易满足客户攀比的心理。

此外，销售员在销售中，可以针对不同的人群，以其同类人做比较，让她们在对比中寻找差距，在差距中激发攀比，在攀比中产生不满，在不满中促成交易。不过，销售员在激发客户攀比心理的过程中，一定要把握好尺度，当心言辞过于激烈，反而惹得客户不悦。比如：“您家的邻居都从我这儿买了一份保险，难道你还不如他？”类似这样的销售沟通技巧，很容易起到适得其反的效果。

销售精英小贴士

攀比是一柄双刃剑，它既可以激发客户购买的决心，又可以使客户自尊心受到伤害，放弃购买。在推销的过程中，销售员要掌控好这柄宝剑，既要使它发挥应有的作用，又不能使自己为其所伤。

要让女客户有“我赚大了”的满足感

销售箴言

没有人喜欢吃亏上当的感觉，所以在推销过程中要尽量给客户占了便宜的感觉。

趋利避害是人性的一个特点，每个人在选购商品的时候，都希望自己花最少的钱，买最有价值的商品。在很多情形下，我们进一步分析就会发现“物美价廉”这种心理有时更多的并不是出于物质上的考虑，而是人们在购买的过程中获得一种“我赚大了”的满足感。对于女性客户来说，这种满足感更具吸引力。所以，在销售时，销售员不妨满足女性客户“我赚大了”的心理需求，让她们买得开心，这样客户的推销工作也会变得简单很多。

情境再现

小王开了一家电子产品专卖店。他对于店面的布置费了一番心思。他的店里，除了各式电子产品以外，还秩序井然地摆放了其他的物品：有靠枕等各种小件家居用品，有咸蛋超人等各种儿童玩具，还有很多小工艺品等。物品种类繁多，使得他的小店显得拥挤杂乱，但他的生意却非常好。

一次，一位漂亮的女生到小王的店里购买笔记本电脑。双方经过一番讨价还价，姑娘有些口干舌燥，就坐下来喝杯茶。这时，她发现茶的味道还不错，很适合自己的口味，便忍不住问小王：“这杯茶里是什么茶叶？”这时，小王拿出了一包茶叶慷慨地送给了姑娘。姑娘得到这份意外的馈赠，觉得白白赚了一包茶叶的钱，于是十分爽快地买了那台电脑。其实，这包茶叶正是小王特意买来送给客户的。

如果客户是带着孩子一起来的，那么他可以送的东西就更多了。但是，并不是每一位客户都能享受“买一赠一”的待遇，只有碰到那些看中了店里的某一样东西然后提出要求的客户，他才会非常“慷慨”地相赠。

事实上，很多客户在购买了产品之后，都会诧异地问小王：“你的店里为什么会摆这么多和产品无关的小物品呢？这些物品这么可爱，能不能送我一个。”因为他感觉自己和小王做了一单大生意，提出赠送礼物的想法也能说得过去。小王就是利用人们这种想额外多赚的心理，故意不说出是赠品，而在客户提出要求后装作“慷慨”地送给客户。在这种情况下，客户反而觉得是自己占到了便宜。

情境分析

在这个案例中，小王在店里摆满了各种小物品，就是充分地利用了客户想获得额外收益的心理，使得产品推销降低难度。虽然小王看似亏了一些小钱，但是生意却越来越好，获得了更多的利润。从总体来讲，小王没有一点儿损失。

销售心经

女性所说的“我赚大了”的感觉，就是觉得自己买的东西的价值远远大于她所付出的报酬。销售员可以想象一下，如果把她们愿意付出的价格和产品的“价值”放在天秤的两侧，怎样才能让价格翘起来呢？无非就是加重“价值”一端的重量！

说到加重“价值”，可能很多销售员首先会想到，使得自己的产品功能多样化，满足女客户各种各样的使用需求。如果这样想就大错特错了，产品功能多不是客户关心的重点，她们判断一个产品的好坏只有一个标准，就是你的产品能帮助她们解决什么问题！

所以，销售员不妨站在女客户的立场上换位思考一下。比如把自己想象成她们，去某个专卖店买手机，店员告诉你这部手机有三十多种功能，但是你买这部手机只需十个功能就能满足自己的需求。这个时候，手机的功能再多，对于你来讲都是没有价值的。所以，销售员在推销产品的时候，一定要先了解女客户的需求，了解完之后，就要针对她们的问题，再去陈述自己的产品。而这个时候，如果销售员给予她们额外的赠品，她们就会觉得自己赚到了。

此外，还有一种方法可以给女客户“赚到了”的满足感，那就是让其认识到问题的严重性，也就是扩大其痛点，当她们发现自己所存在的问题会造成巨大的损失和不良影响时，而你所推荐的产品正好能给其一种“雪中送炭”的感觉，那么她们就会觉得你的产品物超所值，值得购买。

销售精英小贴士

有时女性客户购物买的不仅仅是产品的使用价值，更是一种“我赚大了”的感觉。所以，销售员一定要想方设法满足她们的这种消费心理，这样会大大降低销售的难度。

有效调动女性客户的兴趣

销售箴言

女性客户的兴趣有助于激发其购买的动机，更可以促使其做出购买的决策。

兴趣是人们对某种事物关注、喜好、力求接触，从而认识的一种心理倾向。我们常说，兴趣是最好的老师。女人则更容易受兴趣爱好和感性思维的影响，所以只要抓住了女性客户的爱好和意趣，就能组织有效的推销，就能和她们进行顺畅的沟通。可以说抓住女性客户的兴趣，是销售的基础和前提，有效调动她们的兴趣是推销成功的第一步。倘若女客户对产品不感兴趣，那么销售员就是做再多的介绍，都是徒劳无功。因为她对你的产品没有一点儿购买动机，更别提会有购买决策和购买行动了。

情境再现

2015年夏天，北京朝阳区的一家妇女用品商店进了一批女性用品，很长时间无人购买。老板见此情形，吩咐店员把摆放整齐的货物从柜台上搬离，散乱堆放在门口。路过的女士们见状，马上围成一圈，寻宝似地翻来翻去，找出自己需要的物品。

有的店员不解地问老板："为什么产品散乱之后，客户就愿意购买呢？"

老板说："整整齐齐地摆在货架上的产品太正常了，无法引起她们的兴趣。如果乱七八糟地摆放在门口，反而会引起她们的注意。再加上女士们购物爱挑剔，恨不得将商店的货物翻个底朝天，所以她们更青睐散乱摆放的产品。"

最后，这家商店就因为此方法，使得店里的女性用品抢购一空。

情境分析

这家商店之所以能够成功地售出滞销品，就在于店老板非常熟悉女性客户的心理，他能够针对她们好奇心强的兴趣特点，制定出"以乱取胜"的营销策略，成功地吸引了女性客户的注意力，激发其购买的兴趣。

销售心经

兴趣对女性客户的购买行为有一定的影响。她们对销售员介绍的产品越感兴趣，其情绪就越高涨，态度就越积极，所以决策和购买的时间就会大大缩短。为了提高自身的销售效率，销售员一定要学会调动女性客户的购买兴趣。

1．吸引客户的目光

要想吸引客户的眼球，销售员可以从两个方面着手：一是店面的陈设（包括装修、灯光、陈列等）；二是人员的宣传拉动（包括贴海报、挂条幅、搞演唱会等）。店面越特别，客户的回头率就越高，成交的概率也会相应增加。

2．观察客户的表情

面部表情是内心的真实反应。销售员要注意观察客户的表情、神态和动作，一旦有客户把目光锁定在产品上，可能是对产品的颜色、价格、外观、包装等感兴趣。此时，销售员应热情地上前接待，然后根据客户的心理变化，及时地调整诱导策略，以促使其完成购买行为。

3．了解客户的需求

客户的兴趣是建立在其心理需求的基础之上的。在成功引起客户的注意后，就要进一步了解客户的需求。然后结合客户的需求，适时地推荐适合的产品以调动其购买的兴趣。

销售精英小贴士

女性客户的兴趣是销售的关键所在。为了能够让自己的产品畅销，销售员一定要懂得吸引她们的目光，观察她们的表情，了解她们的需求，以有效调动其购买的兴趣。

让女客户不好意思说出自己的“借口”

销售箴言

客户的借口是交易成功的最大障碍，销售员要想达成销售目标，就得一一堵住客户的“借口”。

从心理学的角度来讲，任何人都希望得到别人的认可，销售员也不例外。但是在工作的过程中，客户因为心中的顾虑，难免会编出各种各样的借口来拒绝销售员推荐的产品。尤其是女性客户，她们的心思极为细腻，眼光也较为挑剔，借口也五花八门，因此销售员会到处碰钉子。那么如何让这些女客户不再为自己的顾虑和挑剔找借口，这对于销售员来说，是一个大的考验。

情境再现

客户:“我和我丈夫商量一下。”

销售员:“张姐,我很同意您的这种做法,不过我可以问您一个问题吗?”

客户:“当然可以，你说吧。”

销售员:“假如您自己有决策权力，您会买这份保险吗？当然我知道您需要和您爱人商量，我是说假如您自己可以做决定，您会上这份保险吗?”

客户:“不会。”

销售员:“那说明您自己对产品还不太认可，我相信它还有让您不满意的地方，您能告诉我您对这份保险还有哪些顾虑吗?”

客户："没有，你想多了，我认可这个产品，只是还想和家人商量一下。"

销售员："既然您对我们的产品没有异议，我相信您一定会帮我推荐我的产品对吗？"

客户："对。"

销售员："那您看我们是明天上午还是下午一起去见见您的爱人呢？"

客户："明天下午吧，他那时候有时间。"

情境分析

从案例中我们可以看出，面对客户"和丈夫商量"的提议，销售员步步紧逼，没有丝毫的松懈。首先他提出一个假设性的问题，以验证客户的商量之策是否为缓兵之计。此外，借助这个问题还探明了客户对产品的态度。

最后，为了防止迟则生变，销售员及时地"推了客户一把"——一起拜访其丈夫，从而加快了签单的进程。

销售心经

作为一名合格的销售员，应时刻树立这样的观念：拒绝＝成功。女客户的借口只是其拒绝购买随便编造的理由，所以不必当真。销售员要做的就是运用一切销售技巧，化危机为转机。以下是女性客户常用的几种"借口"及对应的营销策略，销售员不妨一读。

1．客户说："我考虑一下"

面对客户这样的拖延战术，销售员可以这样说："大姐，我很赞同您这种想法，其实不用我说您也知道 ×× 对于一个家庭很重要，所以您需要认真考虑一下，对吗？”当客户做出肯定的回答时，销售员不妨用半开玩笑的语气说：“大姐，你这么说，不会是想打发我走吧？”客户一般都会否定这种说法。然后销售员就可以很夸张地说：“哎呀，这我就放心了，可把我吓坏了。既然您不是打发我走，那不如这样，您把您的疑虑说出来，我正好在这方面有所了解，您一有问题，我可以帮您解答，您看这样可以吧？”这样销售员就可以轻易打探出客户“借口”背后的真正拒绝的原因了。等客户的疑虑真正解除，她自然就没有拒绝购买的借口。

2. 客户说：“我买 ×× 公司的，不买你们的”

面对这样拒绝的借口，销售员首先问他是否购买过 ×× 公司的产品。客户会回答是或者不是。销售员就可以以中肯的语气褒奖一番这家公司，然后找出这家公司让客户满意的地方，总结出客户的购买理由，然后根据客户的购买兴趣调整自己的推销策略。

3. 客户说：“我没钱”

有些客户会说自己资金困难，无力购买。这个时候销售员要试探性地问其：“没钱是您唯一不能购买这个产品的原因吗？”如果客户的回答是否定的，那么很明显没钱只是她拒绝购买的一个借口，销售员不必理会，继续使用上面的方法探知其拒绝背后真正的理由。如果客户的回答是肯定的，那么就说明他真的出现家庭财务危机。不过销售员不能就此轻易放弃，一定要从其他的角度继续“软磨硬泡”。

4. 客户说：“我需要的时候再跟你买”

当客户以这样的理由搪塞你的时候，销售员不妨问客户：“张女士，您是说您需要 ×× 的时候一定会跟我买是吗？”一般客户的回答是肯定的。那么销售员首先应该对客户的信任表示感谢，然后再向客户详细阐明“未雨绸缪”的重要性，以促使其加快购买的步伐。

5．客户说：“我有一个朋友也做这个行业”

应对这样的借口，销售员只需给客户说明熟人交易的弊端即可，比如不好意思讨价还价，产品如果有质量问题不好理赔等。当然表述这些理由的时候，销售员一定要切记语气委婉，否则会有挑拨离间的嫌疑。为了使销售话术更有说服力，销售员还可以采用列举事例方法告诉客户熟人买卖的种种弊端。

销售精英小贴士

有一句话叫：“走别人的路，让自己无路可走。”其实销售员也可以发挥这种极致精神，“堵客户的借口让他无话可说”。当客户无“借口”可以推脱的时候，产品销售就会变得顺理成章。